ENSINO MEDIADO POR TECNOLOGIA

PRÁTICAS INOVADORAS EM RONDÔNIA

Editora Appris Ltda.
1.ª Edição - Copyright© 2024 dos autores
Direitos de Edição Reservados à Editora Appris Ltda.

Nenhuma parte desta obra poderá ser utilizada indevidamente, sem estar de acordo com a Lei nº 9.610/98. Se incorreções forem encontradas, serão de exclusiva responsabilidade de seus organizadores. Foi realizado o Depósito Legal na Fundação Biblioteca Nacional, de acordo com as Leis nos 10.994, de 14/12/2004, e 12.192, de 14/01/2010.

Catalogação na Fonte
Elaborado por: Josefina A. S. Guedes
Bibliotecária CRB 9/870

E598e 2024	Ensino mediado por tecnologia : práticas inovadoras em Rondônia / Daniele Braga Brasil, Lidiana da Cruz Pereira, Lourismar da Silva Barroso, Luciana Dermani de Aguia. – 1. ed. – Curitiba: Appris, 2024. 191 p. ; 23 cm. – (Educação, tecnologias e transdisciplinaridade). Inclui referências. ISBN 978-65-250-5625-8 1. Inovações educacionais – Rondônia (RO). 2. Inovações educacionais – Amazônia. 3. Inovações tecnológicas. 4. Política pública. 5. Educação e Estado. I. Brasil, Daniele Braga, II. Pereira, Lidiana da Cruz III. Barroso, Lourismar da Silva. IV. Aguia, Luciana Dermani de. V. Título. VI. Série. CDD – 371.334

Livro de acordo com a normalização técnica da ABNT

Appris editora

Editora e Livraria Appris Ltda.
Av. Manoel Ribas, 2265 – Mercês
Curitiba/PR – CEP: 80810-002
Tel. (41) 3156 - 4731
www.editoraappris.com.br

Printed in Brazil
Impresso no Brasil

DANIELE BRAGA BRASIL
LIDIANA DA CRUZ PEREIRA
LOURISMAR DA SILVA BARROSO
LUCIANA DERMANI DE AGUIAR

ENSINO MEDIADO POR TECNOLOGIA

PRÁTICAS INOVADORAS EM RONDÔNIA

FICHA TÉCNICA

EDITORIAL	Augusto Coelho
	Sara C. de Andrade Coelho
COMITÊ EDITORIAL	Marli Caetano
	Andréa Barbosa Gouveia - UFPR
	Edmeire C. Pereira - UFPR
	Iraneide da Silva - UFC
	Jacques de Lima Ferreira - UP
SUPERVISOR DA PRODUÇÃO	Renata Cristina Lopes Miccelli
ASSESSORIA EDITORIAL	Sabrina Costa
REVISÃO	Rafaela Mustefaga Negosek
PRODUÇÃO EDITORIAL	Sabrina Costa
DIAGRAMAÇÃO	Bruno Ferreira Nascimento
CAPA	Lourismar Barroso
ADAPTAÇÃO DA CAPA	Mateus Porfírio
REVISÃO DE PROVA	William Rodrigues

COMITÊ CIENTÍFICO DA COLEÇÃO EDUCAÇÃO, TECNOLOGIAS E TRANSDISCIPLINARIDADE

DIREÇÃO CIENTÍFICA   Dr.ª Marilda A. Behrens (PUCPR)   Dr.ª Patrícia L. Torres (PUCPR)

CONSULTORES

- Dr.ª Ademilde Silveira Sartori (Udesc)
- Dr. Ángel H. Facundo (Univ. Externado de Colômbia)
- Dr.ª Ariana Maria de Almeida Matos Cosme (Universidade do Porto/Portugal)
- Dr. Artieres Estevão Romeiro (Universidade Técnica Particular de Loja-Equador)
- Dr. Bento Duarte da Silva (Universidade do Minho/Portugal)
- Dr. Claudio Rama (Univ. de la Empresa-Uruguai)
- Dr.ª Cristiane de Oliveira Busato Smith (Arizona State University /EUA)
- Dr.ª Dulce Márcia Cruz (Ufsc)
- Dr.ª Edméa Santos (Uerj)
- Dr.ª Eliane Schlemmer (Unisinos)
- Dr.ª Ercilia Maria Angeli Teixeira de Paula (UEM)
- Dr.ª Evelise Maria Labatut Portilho (PUCPR)
- Dr.ª Evelyn de Almeida Orlando (PUCPR)
- Dr. Francisco Antonio Pereira Fialho (Ufsc)
- Dr.ª Fabiane Oliveira (PUCPR)
- Dr.ª Iara Cordeiro de Melo Franco (PUC Minas)
- Dr. João Augusto Mattar Neto (PUC-SP)
- Dr. José Manuel Moran Costas (Universidade Anhembi Morumbi)
- Dr.ª Lúcia Amante (Univ. Aberta-Portugal)
- Dr.ª Lucia Maria Martins Giraffa (PUCRS)
- Dr. Marco Antonio da Silva (Uerj)
- Dr.ª Maria Altina da Silva Ramos (Universidade do Minho-Portugal)
- Dr.ª Maria Joana Mader Joaquim (HC-UFPR)
- Dr. Reginaldo Rodrigues da Costa (PUCPR)
- Dr. Ricardo Antunes de Sá (UFPR)
- Dr.ª Romilda Teodora Ens (PUCPR)
- Dr. Rui Trindade (Univ. do Porto-Portugal)
- Dr.ª Sonia Ana Charchut Leszczynski (UTFPR)
- Dr.ª Vani Moreira Kenski (USP)

Esta obra é dedicada a todos aqueles que acreditam e se dedicam nas ações para possibilitar que jovens estudantes tenham o direito assegurado de cursar o ensino médio, independentemente de onde morem.

*Hoje desaprendo o que tinha aprendido
até ontem e que amanhã recomeçarei a aprender.
(Cecília Meireles)*

PREFÁCIO

É com grande entusiasmo que apresento ao público a obra *Ensino Mediado por Tecnologia: práticas inovadoras em Rondônia*, escrita por Daniele Braga Brasil, Lidiana Pereira, Lourismar da Silva Barroso e Luciana Dermani de Aguiar. Neste livro, os autores exploram um projeto inovador: o Projeto Ensino Mediado por Tecnologia: práticas inovadoras em Rondônia, que carinhosamente chamaremos de Mediação Tecnológica.

A educação mediada por tecnologia em Rondônia, implementada em 2016, revela-se como um projeto em evolução, que necessita de avaliações para sua constante melhoria. Desde que me deparei com esse sistema de ensino, por meio das pesquisas em nível de mestrado e doutorado em Educação, passei a perceber a necessidade de investigações e entendimento dessa complexa proposta, que envolve novas abordagens pedagógicas e tecnológicas.

No país plural que é o Brasil, Rondônia desponta como um estado em crescente desenvolvimento. Dada sua dimensão geográfica, a existência de muitos lugares de difícil acesso — zonas rurais, áreas indígenas, quilombolas — e sua diversidade sociocultural, muitos são os desafios enfrentados para levar educação de qualidade aos mais distantes recantos. Nesse contexto, a Mediação Tecnológica apresenta-se como uma solução indispensável para que os estudantes possam frequentar a escola, usufruindo de seus direitos à educação, e, assim, concluir o ensino básico.

O *Ensino Mediado por Tecnologia: práticas inovadoras em Rondônia* propõe um sistema no qual a tecnologia digital viabiliza a chegada de aulas de qualidade, elaboradas e gravadas por professores especialistas em cada componente curricular, às mais remotas localidades do estado. Os estudantes assistem às aulas presencialmente nas escolas, onde são acompanhados por um professor mediador. Esse modelo permite o convívio escolar, a coletividade e a colaboração, favorecendo o desenvolvimento pessoal e acadêmico.

Os dados e informações contidos neste livro foram meticulosamente coletados por meio de pesquisa documental, entrevistas com os participantes do projeto, observação ativa e diálogos formais e informais com professores ministrantes, professores presenciais, estudantes e equipe pedagógica. Além disso, os autores mergulharam em momentos de formação continuada e participaram ativamente das atividades nas unidades escolares que atendem aos estudantes da Mediação Tecnológica em Rondônia.

Esta obra, fruto da experiência e pesquisa de estudantes de doutorado em Educação, foi escrita com grande responsabilidade. Visa atender a uma ampla gama de públicos, incluindo estudantes, acadêmicos, pesquisadores, profissionais da educação e da tecnologia, e qualquer pessoa interessada no tema.

Espero que este livro seja uma fonte valiosa de conhecimento e um recurso inspirador para todos os interessados na educação e tecnologia no Brasil.

Dr.ª Adriana Gomes Alves
Universidade do Vale do Itajaí (Univali)

APRESENTAÇÃO

É com muita satisfação que trazemos ao público esta obra que trata de um projeto considerado por muitos como inovador: o "Ensino Mediado por Tecnologia: práticas inovadoras em Rondônia", que chamaremos de Mediação Tecnológica sob o prisma da política pública educacional.

Essas informações foram obtidas por meio de pesquisa documental, entrevistas com atores do projeto e imersão em diversos momentos de formação continuada e atividades *in loco* em escolas que atendem a essa metodologia de ensino.

Logo, sua escrita foi debruçada sobre uma responsabilidade minuciosa de informações, pois sabemos que atenderá a diversos públicos, como: estudantes, acadêmicos, pesquisadores, profissionais da educação e da tecnologia e demais interessados na temática.

Os capítulos apresentados a seguir foram estruturados na tentativa de contextualizar o referido projeto educacional. Por isso, iniciaremos com um primeiro capítulo sobre as características geográficas e históricas do estado de Rondônia para ilustrar os processos migratórios que formaram a variedade social, cultural e econômica que, somada às peculiaridades das comunidades tradicionais, faz de Rondônia um estado plural. Coadunando com os processos educacionais que assumem uma missão de responsabilidade de atendimento.

No segundo capítulo, trataremos do histórico de implantação e do atendimento aos estudantes do Ensino Mediado por Tecnologia. Traremos o desenrolar desse projeto desde o ano 2011, quando da perspectiva da implantação da Mediação Tecnológica, até o ano 2022, período pós-pandemia causada pela Covid-19, que remete à escrita desta obra, momento em que as aulas da Mediação Tecnológica foram utilizadas por diversos estudantes e professores da rede pública estadual.

Além de tratar dos marcos legais que ratificam e validam o processo de ensino e aprendizagem mediado pelas tecnologias, no qual apresentamos o contexto, os atores e as peculiaridades do projeto. Com a finalidade de apresentar a estrutura organizacional e pedagógica do projeto, faremos abordagens no que tange às competências e habilidades tanto de cunho técnico quanto de cunho didático e pedagógico.

Já no terceiro capítulo trataremos da Mediação Tecnológica e do Plano Estadual de Educação (PEE).

Apresentamos os instrumentais didáticos e pedagógicos e o fluxograma de produção e envio de materiais até que eles cheguem às mãos dos estudantes.

E como tentativa de traçar uma linha do tempo, traremos um resumo de todas as reportagens publicadas no site oficial da Secretaria de Estado da Educação de Rondônia (Seduc/RO).

Apesar de já existirem algumas publicações, como resumos e artigos referentes à Mediação Tecnológica de Rondônia, traremos aqui diversas informações inéditas para subsidiar pesquisas emergentes sobre a temática, além de esclarecer à comunidade em geral e interessada no tema.

Boa leitura!

SUMÁRIO

1
CARACTERÍSTICAS DO ESTADO DE RONDÔNIA: BREVE CONTEXTUALIZAÇÃO 15
Lourismar Barroso

2
A MEDIAÇÃO TECNOLÓGICA EM RONDÔNIA: IMPLANTAÇÃO E ATENDIMENTO 19
Daniele Braga Brasil

3
A MEDIAÇÃO TECNOLÓGICA E O PLANO ESTADUAL DE EDUCAÇÃO (PEE) 37
Daniele Braga Brasil

4
A PROPOSTA PEDAGÓGICA DA MEDIAÇÃO TECNOLÓGICA 43
Daniele Braga Brasil

5
FORMAÇÃO DE PROFESSORES DA MEDIAÇÃO TECNOLÓGICA 89
Daniele Braga Brasil
Luciana Dermani

6
ENSINO MÉDIO PRESENCIAL COM MEDIAÇÃO TECNOLÓGICA:
CURRÍCULO E PRÁTICAS PEDAGÓGICAS 95
Lidiana da Cruz Pereira
Luciana Dermani

7
ENSINO MÉDIO PRESENCIAL COM MEDIAÇÃO TECNOLÓGICA E A INSERÇÃO DA DIVERSIDADE CULTURAL 113
Lidiana da Cruz Pereira
Luciana Dermani

8
ESTRATÉGIAS E MÉTODOS PEDAGÓGICOS NO ENSINO DE RONDÔNIA 131
Lourismar Barroso

9
MATÉRIAS PUBLICADAS SOBRE A MEDIAÇÃO TECNOLÓGICA 157
Daniele Braga Brasil

CONSIDERAÇÕES FINAIS.. 189

1
CARACTERÍSTICAS DO ESTADO DE RONDÔNIA: BREVE CONTEXTUALIZAÇÃO

Lourismar Barroso

Inicialmente, para pensarmos a Mediação Tecnológica, algumas informações referentes ao estado de Rondônia se fazem necessárias como uma forma de contextualizar o ambiente geográfico e as dimensões ambientais e porventura sociais e culturais em que vivem os estudantes atendidos pelo projeto Mediação Tecnológica. Haja visto que, em sua grande maioria, esses estudantes são residentes de comunidades e localidades distantes dos centros urbanos, objetivo da implantação e manutenção da Mediação Tecnológica de Rondônia, como trataremos mais adiante.

Figura 1 – Mapa do Estado de Rondônia[1]

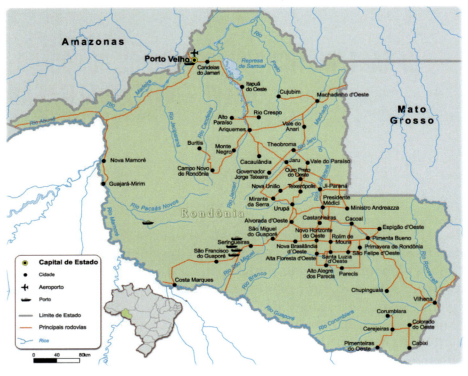

Fonte: https://www.guiageo.com/pictures/mapa-rondonia.jpg

A criação do Território Federal do Guaporé foi um sonho alimentado por Aluísio Ferreira, quando na primeira oportunidade fez o convite ao presidente Getúlio Vargas, que estava em viagem a Manaus. Como o futuro território estava na rota de sua viagem, resolveu pousar em terras de Rondônia e tomar um café. Após o cafezinho, os rumos foram sendo dirigidos, até que em 13 de setembro de 1943, por meio do Decreto-Lei n.º 5.812, foi criado o Território Federal do Guaporé, seus limites passavam pelo rio Purus na parte ao Norte, com partes desmembradas do estado do Amazonas e parte do Mato Grosso.

O desejo de homenagear Marechal Rondon partiu do Deputado Estadual Áureo Bringel de Mello, que, nascido em 1924 em Santo Antônio, era filiado ao PTB do Amazonas. Áureo de Mello, em par-

---

[1] Fonte: https://www.guiageo.com/pictures/mapa-rondonia.jpg.

ceria com seu colega também Deputado federal Joaquim Vicente Rondon, apresentou o projeto Lei n.º 2.731/56, que logo foi assinado pelo presidente JK, mudando o nome do território de "Guaporé" para "Rondônia". A homenagem ao militar, indigenista e sertanista Marechal Cândido Mariano da Silva Rondon foi mais que merecida.

No dia 22 de dezembro de 1981 foi aprovada a Lei Complementar n.º 41, que cria o Estado de Rondônia. A instalação se deu no dia 4 de janeiro de 1982.

O estado de Rondônia está localizado na região Norte e tem como limites os estados Mato Grosso, Amazonas, Acre e Bolívia. Tem 52 municípios e ocupa uma área de 237.765,293 km². O estado é formado predominantemente por áreas de planícies, com vegetação de floresta e clima equatorial. É o terceiro estado mais populoso do Norte brasileiro. Segundo o Censo de 2022, Rondônia tem uma população estimada em 1,8 milhões de habitantes, o que representa pouco menos de 1% do total populacional do país.

A sua história está ligada ao processo de desbravamento do extremo oeste brasileiro, assim como à exploração de borracha e minérios na Floresta Amazônica. Na atualidade, o estado é um grande produtor de soja e carne bovina. Além disso, tem uma infraestrutura formada por equipamentos que contribuem para a economia da região, como a hidrovia Madeira e as usinas hidroelétricas de Santo Antônio e Jirau.

Por ter sido constituído em ciclos econômicos, o estado de Rondônia originou-se de uma variedade de migrantes de todo o Brasil, a começar pelos retirantes nordestinos que, fugindo da seca, vieram para a Amazônia e concretizaram seu novo lar, em sua maioria estavam em busca de terra e riquezas (TEIXEIRA; FONSECA, 2000).

O primeiro empreendimento que abre as "portas" para a conquista do território de Rondônia foram os traçados da linha telegráfica deixados pela Comissão Rondon entre os anos 1907 a 1909. Esse traçado foi pensado por Roquete Pinto de "Estrada de Rondônia" em 1916. O que de fato vimos surgir ao longo do percurso, algumas cidades ao longo do eixo da BR-364, como Vilhena, Pimenta Bueno e Jaru.

Paralelo a esse empreendimento tivemos a construção da Estrada de Ferro Madeira Mamoré, depois que quatro empresas desistiram da construção, coube à última empresa, a americana May, Jeckyll & Randolph, concluir a obra em 1912.

Com esses novos surtos, a região foi sendo moldada por pessoas vindas dos quatro cantos do Brasil, em busca de um pedaço de terra para produzir e viver dos seus próprios sustentos. Em sua maioria eram sulistas e nordestinos, com cultura, costumes e tradições diversas, somados às populações indígenas e remanescentes quilombolas que já habitavam a região.

Uma nova estrela estava surgindo no panteão da bandeira do Brasil, quando finalmente foi concretizada em 1982 como Estado de Rondônia (SILVA, 1982).

Durante as décadas de 60, 70 e 80, Rondônia passou a despontar no cenário nacional como o novo celeiro da economia do Brasil. Seus ciclos econômicos foram definindo o ritmo da economia local e nacional, a começar pela extração do látex, seguido pela extração da cassiterita, do ouro e, por fim, da agricultura.

Dessa forma, o estado de Rondônia vive um crescimento vertiginoso, sua economia vem se superando a cada ano, graças ao homem do campo e aos incentivos dos governos estadual e federal. Além dos grandes empreendimentos que trouxeram empregos e estabilidade ao setor da construção civil, hidrelétrico, comercial etc.

Hoje a estrela de Rondônia brilha no céu fazendo moldura, contemplando a natureza, agradecendo o legado deixado pelos primeiros bandeirantes da nossa Rondônia.

REFERÊNCIAS

HUGO, Vitor. **Os desbravadores**. Humaitá: Missão Salesiana, 1959. v. 1.

MATIAS, Francisco. **Pioneiros**: ocupação humana e trajetória política de Rondônia. Porto Velho: Maia, 1997.

MEIRELES, Denise Maldi. **Guardiões da fronteira**: Rio Guaporé, século XVIII. Petrópolis: Vozes, 1989.

SILVA, Amizael Gomes da. **No rastro dos pioneiros**: um pouco da história rondoniana. Porto Velho: Seduc, 1984.

TEIXEIRA, Marco Antônio Domingues; FONSECA, Dante. **História regional (Rondônia)**. 2. ed. Rondônia: Rondoniana, 2000.

2
A MEDIAÇÃO TECNOLÓGICA EM RONDÔNIA: IMPLANTAÇÃO E ATENDIMENTO

Daniele Braga Brasil

Inicio este capítulo com uma linha do tempo política, mas necessária. Inclusive com trechos da legislação como aporte para a implantação e continuidade do Projeto Ensino Médio com Mediação Tecnológica no estado de Rondônia.

E já lhe digo que muitas informações aqui descritas foram vivenciadas por esta autora, visto que atuei como professora ministrante e gestora do programa educacional em questão. Logo, alguns trechos com informações importantes não terão citação ou referência bibliográfica, visto que será, muito provavelmente, a primeira vez de sua publicação.

Importante salientar que trataremos da nomenclatura deste projeto por Mediação Tecnológica, como forma de deixar menos complexo o seu entendimento. Além de que é assim que é citado em documentos e textos diversos a partir de 2019, ano em que se tornou programa educacional da Secretaria de Educação do Estado de Rondônia (Seduc/RO).

Mas antes vamos deixar claras algumas importantes informações: primeiro, a Mediação Tecnológica oferta o Ensino médio de forma regular, inclusive com a mesma carga horária e dias letivos do ensino convencional; segundo, é presencial e não EaD, pois os estudantes comparecem às salas de aula em que as aulas são ministradas todos os dias em cumprimento ao calendário letivo; terceiro, os estudantes não têm tutores, são acompanhados por um professor mediador denominado professor presencial, que tem graduação, preferencialmente em Pedagogia; e quarto, as aulas são transmitidas dos estúdios localizados no município de Porto Velho, sendo planejadas e produzidas por professores da rede estadual de educação, habilitados em suas áreas de formação específica.

Diante do exposto, a Mediação Tecnológica não deve ser considerada como Educação a Distância.

Vamos ao histórico de implantação.

Histórico de implantação da Mediação Tecnológica

As discussões para implantação da Mediação Tecnológica no estado de Rondônia iniciaram em 2011. Apesar de alguns artigos e resumos apresentados em evento só trazerem dados de 2013. Nesse ano, membros da equipe gestora da Seduc/RO foram até o estado do Amazonas para conhecer o Centro de Mídias de Educação do Amazonas (Cemeam) que já atendia por Mediação Tecnológica estudantes do Ensino Fundamental e Médio desde 2007 e já era aprovado pelo Conselho Estadual de Educação (CEE) daquele estado (MAIA, 2019).

> Fundamentado na carência de profissionais habilitados na área de atuação, somado às especificidades geográficas da região e da obrigatoriedade de universalização da oferta da Educação Básica às populações residentes no interior do Amazonas, o Projeto de ensino por mediação tecnológica surgiu como uma alternativa viável para concretizar essa política educacional no amazonas, maior estado da federação brasileira. (COSTA, 2015, p. 28).

Dados de 2007 demonstram que o Cemeam atendeu a 42 municípios, 1.011 comunidades rurais, 337 salas de aula, com 8.684 estudantes. E no ano 2011, quando do interesse em implantar a Mediação Tecnológica de Rondônia, o Cemeam já atendia 62 municípios, 1.842 comunidades rurais, 940 salas de aula, com 22.571 estudantes. Demonstrando um crescente processo de expansão (MAIA, 2019).

Em 2013 foi apresentado ao Poder Executivo do estado de Rondônia o Projeto Ensino Médio com Mediação Tecnológica com a premissa de celebrar parcerias, convênios e termos de cooperação com os municípios desse estado, por meio de suas redes de ensino, para a utilização da estrutura física das escolas existentes para possíveis implantações de turmas de Mediação Tecnológica.

O projeto de Lei n.º 975/2013, de autoria de uma deputada estadual da época, foi enviado para a Assembleia Legislativa, conforme relatam Silva e Santos (2019). Embora o projeto apresentasse possibilidades de aprovação, os movimentos sociais da época, como o dos Trabalhadores Sem Terra e o Sindicato dos Trabalhadores Rurais, mobilizaram-se contra a implantação do Projeto Ensino Médio com Mediação Tecnológica e ele foi arquivado, a pedido da própria autora.

Desde então, a proposta de implantação da Mediação Tecnológica de Rondônia rondou a Casa de Lei do estado de Rondônia, por meio da Seduc/RO, ganhando expressividade no fim de 2014, quando em 3 de dezembro do mesmo ano a Seduc/RO elaborou o referido projeto tendo por base o projeto do Cemeam da Seduc/AM.

Após quase um ano, em novembro de 2015 professores dos componentes curriculares do ensino médio que faziam parte da equipe de professores formadores da Seduc/RO foram convidados a participar de uma reunião para iniciarem o planejamento das aulas e elaboração de instrumentais pedagógicos para a Mediação Tecnológica com vistas ao início no ano letivo em 2016. À época, a Seduc/RO justificou que o método deveria ser implantado em razão da falta de professores habilitados nos diversos componentes, em específico do ensino médio.

Com essas considerações, por meio de um conjunto de medidas e ações, e com base na Resolução n.º 1.166/13-CEE/RO, em 2016, com o objetivo de universalizar o acesso à última etapa da Educação Básica, foi encaminhado à Câmara de Deputados do Estado de Rondônia e aprovado, tornando Projeto de Lei n.º 3.846, de 4 de julho de 2016, que em seu artigo 1º afirma que,

> Fica instituído o Projeto Ensino Médio com Mediação Tecnológica no âmbito da Secretaria de Estado da

> Educação - SEDUC, com o objetivo de implantar o Ensino Médio com Mediação Tecnológica aos estudantes que residem na zona rural, cujas localidades são de difícil acesso, demanda reprimida ou em localidades onde houver carência de profissionais habilitados. (RONDÔNIA, 2016, p. 1).

A proposta foi atender aos 52 municípios do estado, com base legal na LDB n.º 9.394/96 e na Portaria n.º 680/2016-GAB/Seduc, para atender aos estudantes do ensino médio regular da rede estadual de Ensino, residentes nas zonas rurais, áreas indígenas, quilombolas e demais localidades consideradas de difícil acesso de todo o estado de Rondônia, com o intuito de garantir a tutela do princípio constitucional da dignidade humana, proporcionando igualdade de condições para acesso e permanência na escola. Haja visto que o artigo 205 do CF/1988 aponta a educação,

> [...] como direito de todos e dever do Estado e da família, e será promovida e incentivada com a colaboração da sociedade, visando ao pleno desenvolvimento da pessoa, seu preparo para o exercício da cidadania e sua qualificação para o trabalho.

Nessa perspectiva, em 2016 teve início, de fato, por meio da Secretaria do Estado da Educação de Rondônia, o com Mediação Tecnológica para atender aos estudantes do campo residentes em locais considerados de difícil acesso, como comunidades ribeirinhas, indígenas, quilombolas, extrativistas e sítios de produção agrícola e pecuária, e que não tivessem professores habilitados nos componentes curriculares do ensino médio e ainda que se dispunham a exercer a docência em comunidades distantes dos centros urbanos — um fato complicador, que faz com que a educação formal de estudantes residentes no campo e áreas consideradas de difícil acesso seja um desafio. Configurando obstáculos para que jovens tenham acesso ao ensino médio (RONDÔNIA, 2016).

Quanto à carência de professores habilitados nas disciplinas, uma informação importante é a de um levantamento realizado pelo Movimento Todos pela Educação, que destaca que 46,3% dos 494 mil professores que atuam no ensino médio no Brasil atendem em pelo menos uma disciplina na qual não têm formação específica. O levantamento revela ainda outro dado alarmante: um terço dos professores, 32,3%, só ministra aulas em disciplinas em que não têm formação.

O estudo apontou que a situação é mais crítica em disciplinas de Física, Química e Matemática (IBGE, 2015). Em Rondônia o percentual de professores do ensino médio com formação superior é 96,5%, entretanto apenas 42% dos professores habilitados têm formação superior compatível com a área de conhecimento em que lecionam nessa modalidade (AGUIAR, 2018).

Já com relação à maior necessidade de docentes habilitados estão: Física (19,1%), Química (18,2%), Matemática (13,5%) e Biologia (14,6%) (IBGE, 2016).

Por outro lado, os números do Observatório do PNE (2016) revelam que os desafios na formação de professores são enormes. Essa dificuldade em ter professores formados em suas áreas do conhecimento se agrava com movimentos de expansão do acesso à educação básica.

Um dado interessante é quanto à implantação. A Mediação Tecnológica foi estabelecida visando à concomitância à Educação Profissional, com a intenção de oportunizar a inserção do jovem no mundo do trabalho, continuidade dos estudos e exercício da cidadania, apoiado na Resolução CNE/CEB n.º 2/2012,

> II – A preparação básica para o trabalho e a cidadania do educando para continuar aprendendo, de modo a ser capaz de se adaptar a novas condições de ocupação ou aperfeiçoamento posteriores;
>
> § 3º – A tecnologia é conceituada como a transformação da ciência em força produtiva ou mediação do conhecimento científico e a produção, marcada, desde sua origem, pelas relações sociais que a levaram a ser produzida.

Levando em consideração que as propostas pedagógicas das escolas atendidas deveriam respeitar as diferenças e o direito à igualdade, cumprindo o que se estabelece na LDB n.º 9.394/96, em seu artigo 26:

> Os currículos do ensino fundamental e médio devem ter uma base nacional comum, a ser complementada, em cada sistema de ensino e estabelecimento escolar, por uma parte diversificada, exigida pelas características regionais e locais da sociedade, da cultura, da economia e da clientela.

E em seu artigo 28, com relação à oferta da Educação Básica para a população rural, enfatiza que: "[...] os sistemas de ensino promoverão as adaptações necessárias à sua adequação às peculiaridades da vida rural e de cada região [...]", com destaque para o inciso I, "[...] conteúdos curriculares e metodologias apropriadas às reais necessidades e interesses dos alunos da zona rural", e o inciso III, "[...] adequação à natureza do trabalho na zona rural" (BRASIL, 2013, p. 21).

Como apontam as Resoluções CNE/CEB n.º 4/2010, que em seu artigo 1º definem as:

> [...] diretrizes Curriculares Nacionais Gerais para o conjunto orgânico, sequencial e articulado das etapas e modalidades da Educação Básica, baseando-se no direito de toda pessoa ao seu pleno desenvolvimento, à preparação para o exercício da cidadania e à qualificação para o trabalho, na vivência e convivência em ambiente educativo, e tendo como fundamento a responsabilidade que o Estado brasileiro, a família e a sociedade têm de garantir a democratização do acesso, a inclusão, a permanência e a conclusão com sucesso das crianças, dos jovens e adultos na instituição educacional, a aprendizagem para continuidade dos estudos e a extensão da obrigatoriedade e da gratuidade da Educação Básica.

E seu artigo 4º traz as: "[...] considerações sobre a inclusão, a valorização das diferenças e o atendimento à pluralidade e à diversidade cultural, resgatando e respeitando as várias manifestações de cada comunidade".

E a Resolução n.º 1.166-CEE/RO fundamenta a iniciativa tomada pelo governo do estado de Rondônia para a utilização de procedimentos metodológicos que trabalhem o currículo do ensino médio contemplando o contexto social, bem como as peculiaridades locais das comunidades de difícil acesso e com demanda reprimida. Proporcionando melhores condições de cidadania e de inclusão social que considera a nova redação do artigo 208, inciso I, da Constituição Federal, estabelecida pela Emenda Constitucional nº 59, de 11 de novembro de 2009, que determina como dever do Estado a educação básica obrigatória e gratuita dos 4 aos 17 anos de idade e assegura sua oferta gratuita para todos os que a ela não tiveram acesso em idade própria, e, ainda, determina a competência prioritária do Estado no atendimento a jovens e adultos no ensino médio, conforme artigo 211, § 3º, assegurando-lhes o acesso a esse nível e a sua permanência nele, e no § 4º reafirma que "na organização de seus Sistemas de Ensino, os Estados e os Municípios definirão formas de colaboração, de modo a assegurar a universalização do ensino obrigatório".

Essa extensão da obrigatoriedade do ensino à população de 4 a 17 anos, com gradativa universalização do ensino médio até 2016, imposta pela Emenda Constitucional n.º 59, de 11 de novembro de 2009, exige que os sistemas públicos de ensino adotem medidas que viabilizem o atendimento aos estudantes, superando os desafios postos, sejam eles de ordem geográfica ou de falta de recursos materiais e humanos, como é o caso da falta de professores habilitados e de comunidades distantes dos centros urbanos.

Ainda convém lembrar, conforme explana Rabelo (2019), que utilizar as tecnologias na educação para fazer o ensino chegar aos lugares distantes é dever imprescindível na atual conjuntura socioeducacional de nosso país e do mundo, pois tecnologia aproxima o conhecimento das pessoas cada vez mais, democratizando informações que, no passado, estavam restritas a um pequeno grupo de privilegiados.

Estando essa metodologia de ensino ancorada na Constituição Federal e na LDB pelo disposto no artigo 28 e incisos da LDB/1996, diz que: "[...] na oferta de Educação Básica para a população rural, os sistemas de ensino promoverão as adaptações necessárias à sua adequação às peculiaridades da vida rural e de cada região [...]", com destaque para o inciso I, "[...] conteúdos curriculares e metodologias apropriadas às reais necessidades e interesses dos alunos da zona rural", e o inciso III, "[...] adequação à natureza do trabalho na zona rural" (BRASIL, 2013, p. 21).

Com o foco principal de atendimento a estudantes das comunidades já citadas, o projeto buscou ancorar-se nas Diretrizes Operacionais para a Educação Básica nas Escolas do Campo, estando orientado pelo Parecer CNE/CEB n.º 36/2001,

> O campo, nesse sentido, mais do que um perímetro não urbano, é um campo de possibilidades que dinamizam a ligação dos seres humanos com a própria produção das condições da existência social e com as realizações da sociedade humana.

E pela Resolução CNE/CEB n.º 1/2002, Parecer CNE/CEB n.º 3/2008 e Resolução CNE/CEB n.º 2/2008. Merecendo referência no Parecer CNE/CEB n.º 7/2010 e sua decorrente Resolução CNE/CEB n.º 4/2010, que definem as Diretrizes Curriculares Nacionais Gerais da Educação Básica, e ainda nas Diretrizes Curriculares Nacionais para o ensino médio de que tratam o Parecer CNE/CEB n. 5/11 e a Resolução CNE/CEB n.º 2/2012. E ainda na Resolução CEE/RO n.º 958/11, em seu parágrafo único, que aponta a educação básica nas escolas do campo, o atendimento a jovens das populações em suas mais variadas formas de produção de vida: agricultores familiares, extrativistas, pescadores artesanais, remanescentes de quilombos, ribeirinhos, assentados e acampados da reforma agrária, sitiantes e demais comunidades do campo de Rondônia.

Além dos princípios constitucionais, a Mediação Tecnológica de Rondônia também apresenta observância à Lei de Diretrizes e Bases da Educação Nacional n.º 9.394/96, conforme título III, artigo 4º, inciso IV; título IV, artigo 10, inciso VI; título V, capítulo II, seção I, artigo 23, artigo 24, artigo 25, artigo 27 e artigo 28; seção IV, artigo 35, artigo 36. Estando o ensino médio com Mediação Tecnológica em total consonância com a legislação vigente.

Essa metodologia da educação básica do ensino médio, prevista no artigo 28 da LDB, define para o atendimento da população do campo adaptações necessárias às peculiaridades da vida rural e de cada região, com orientações referentes a conteúdos curriculares e metodologias apropriadas às reais necessidades e interesses dos estudantes da zona rural; organização escolar própria, incluindo adequação do calendário escolar às fases do ciclo agrícola e às condições climáticas; e adequação à natureza do trabalho na zona rural.

Devendo ter flexibilidade para contemplar a diversidade do meio, em seus múltiplos aspectos, observados os princípios constitucionais, a BNCC e aos princípios que orientam a Educação Básica brasileira, em que o acesso a essa etapa de ensino torna-se quase inacessível pelos fatores aqui elencados, devendo, ainda, constar no Projeto Político Pedagógico (PPP) das escolas contempladas pela Mediação Tecnológica, com o intuito de promover a organização do processo de ensino e aprendizagem de maneira inovadora, atendendo à demanda do ensino médio à luz da legislação, visando ampliar consideravelmente as condições de acesso e permanência, dada a real possibilidade de estabelecer padrões adequados de qualidade ao ensino ofertado para estudantes do campo, significando, assim, desde 2016, um avanço no atendimento educacional dessas populações.

De tudo o que até aqui foi descrito, é possível observar que o ensino por mediação tecnológica tornou-se possível desde 2016, em uma perspectiva inovadora que une tecnologia e comunicação aos referenciais básicos da educação, a oferta e a conclusão do ensino médio de estudantes de diversas comunidades, de acordo com a realidade e peculiaridades regionais que possibilitam a continuidade da educação formal com a utilização de estruturas pedagógicas que tornam possíveis a aquisição de habilidades necessárias à construção do conhecimento, rompendo o conceito de separação física entre estudante e professor, aproximando-os pela integração virtual das Novas Tecnologias da Informação e Comunicação (TICs). E ainda a educação mediada pela utilização das TICs pode ser pensada e estudada como fonte de transformação social e de inovação para a educação. Dessa forma, Rabelo (2019) afirma que a tecnologia não é boa nem má, pois essa avaliação depende das situações, usos e pontos de vista; afirma também que ela tampouco é neutra, já que é condicionante ou restritiva, pois de um lado abre e de outro fecha o espectro de possibilidades.

E como nos sugere Caldart (1997) e Arroyo (2004), as políticas de educação do campo são consideradas desafiadoras pela necessidade de entender a diversidade de dimensões dos processos educativos relacionadas às suas peculiaridades, pois a educação do campo no campo precisa atender às especificidades regionais, culturais e sociais. E como já nos afirmava Caldart (1997), os processos educativos de uma educação devem considerar a diversidade regional, cultural e social, além da necessidade de serem contextualizados e significativos. Para tanto, a formação continuada desses docentes tem a necessidade de ser diferenciada com o intuito de atender aos princípios da equidade.

Base legal que ancora a Mediação Tecnológica de Rondônia

A fim de dar legitimidade aos projetos e programas educacionais, e isso passa pela legislação educacional com fins de estabelecer direitos e padrões de funcionamento, conhecer e ter acesso à legislação em que um projeto governamental se fundamenta, é importante trazer subsídios para a compreensão e o entendimento das suas fundamentações e funcionamento.

Por isso, seguem, em síntese, as resoluções, portarias e leis que aportam a Mediação Tecnológica do estado de Rondônia.

- **Resolução n.º 1.166/13-CEE/RO, de 3 de junho de 2013**

Aprova o Projeto de Ensino Médio com Mediação Tecnológica para as escolas da rede pública estadual de ensino, com implantação a partir do ano letivo de 2014, e dá outra providência.

- **Portaria 680, de 8 de março de 2016**

Implanta o Projeto Ensino Médio com mediação tecnológica nas escolas na rede pública estadual de Rondônia.

- **Lei n.º 3.846, de 4 de julho de 2016**

O Projeto de Lei que instituiu o Projeto Ensino Médio com Mediação Tecnológica no Estado de Rondônia foi aprovado por

17 votos a favor e 5 contra, resultando na Lei n.º 3.846, de 4 de julho de 2016, regulamentada na Seduc pela Portaria n.º 2.264/GAB/SEDUC, de 6 de julho de 2016, quando o ensino já estava acontecendo nas escolas desde o início do ano com o objetivo de implantar o Ensino Médio com Mediação Tecnológica aos estudantes que residem na zona rural, cujas localidades são de difícil acesso, com demanda reprimida ou em localidades onde houver carência de profissionais habilitados.

- **Portaria n.º 2.264/2016-GAB/SEDUC - Porto Velho, de 6 de julho de 2016**

Implanta e implementa o Projeto Ensino Médio com Mediação Tecnológica nas escolas da rede pública estadual de ensino.

- **Portaria n.º 3.029, de 20 de julho de 2018**

Implementa o Projeto Ensino Médio com Mediação Tecnológica em escolas da rede pública estadual de ensino, e dá outras providências.

- **Lei n.º 4.480, de 30 de abril de 2019**

A Assembleia Legislativa do estado de Rondônia altera o caput do artigo 7º e o anexo da Lei n.º 3.846, de 4 de julho de 2016, que instituiu o Projeto Ensino Médio com Mediação Tecnológica no âmbito da Secretaria de Estado da Educação, e dá outras providências.

- **Portaria n.º 1.652, de 9 de março de 2021**

O artigo 1º substitui o Anexo I da Portaria n.º 3.029/2018/SEDUC-GCME, publicada no Diário Oficial, n.º 137, de 30 de julho de 2018, página 34 a 41, que trata da Matriz Curricular do Projeto Ensino Médio com Mediação Tecnológica, pelo anexo único dessa portaria.

- **Portaria n.º 4.497, de 9 de maio de 2022**

Orienta o desenvolvimento do Novo Ensino Médio em turmas atendidas pelo Projeto de Ensino Médio com Mediação Tecnológica, instituído pela Lei n.º 3.846, de 4 de julho de 2016, e dá outras providências.

Essa lacuna considerável de tempo da resolução até a portaria de implantação nos faz pensar sobre quais motivos ocorreram para tal "atraso", já que as razões e objetivos para implantação do Projeto Ensino Médio com Mediação Tecnológica já haviam sido apontados desde 2011 e defendidos em 2013.

Atendimento aos estudantes do ensino médio de Rondônia por Mediação Tecnológica

A saber, até a escrita deste livro, a Seduc/RO tem 18 Coordenadorias Regionais Educacionais (CRE). Essas são sediadas em um município e cada uma delas atende diversos outros municípios e distritos: Porto Velho, Guajará Mirim, Extrema, Ariquemes, Buritis, Jaru, Ouro Preto do Oeste, Ji Paraná, Cacoal, Rolim de Moura, Pimenta Bueno, Machadinho do Oeste, Alta Floresta Espigão do Oeste, Costa Marques, São Francisco do Guaporé, Cerejeiras e Vilhena.

Em cada uma dessas CREs existe um servidor denominado Coordenador da Mediação Tecnológica. Esse é responsável por diversas funções relativas a atender *in loco* os professores presenciais, os estudantes e as escolas de sua regional, mas os detalhes de sua atuação serão tratados em um próximo capítulo.

A matrícula e o controle de escrituração escolar dos alunos do campo estão sob responsabilidade de escolas urbanas da rede estadual, denominadas "sede", o Estado mantém parceria com prefeituras e respectivas Secretarias Municipais de educação para atender ao ensino médio do campo, em sua maioria escolas municipais, denominadas "polo" (PEE, 2014).

Essas escolas estão localizadas em diversos locais dos 52 municípios do estado, comunidades indígenas, remanescentes quilombolas, áreas de produção rural, e algumas em glebas, áreas de assentamento e lugarejos.

Esses estudantes são atendidos por todos os programas educacionais que a Seduc/RO disponibiliza aos demais estudantes, como merenda escolar, livro didático, entre outros projetos, ou seja, não deve haver distinção entre forma de atendimento. Inclusive, devem ser atendidos pelo transporte escolar terrestre e fluvial, se for o caso (SEDUC/RO, 2022).

O horário oficial de aulas inicia às 13h e finaliza às 17h, diariamente e com intervalo para o recreio. Sendo o horário de aula elaborado pela coordenação da mediação tecnológica, em cumprimento ao calendário letivo escolar enviado para as CREs para que seja disponibilizado aos professores presenciais e aos estudantes.

Em se tratando de atendimento pelas aulas da Mediação Tecnológica, desde sua implantação em 2016, temos atendimento de forma progressiva, pois em 2016 a Mediação Tecnológica atendeu aproximadamente 36 dos 52 municípios, totalizando 1.960 estudantes. Já no ano 2017 o número de municípios passou para 40 e alcançou o número 4.306 alunos (AGUIAR, 2018).

- 2016, com 1.960 (um mil novecentos e sessenta) estudantes em 85 (oitenta e cinco) escolas e 86 (oitenta e seis) turmas de 1º ano.
- 2017, com 4.306 estudantes em 124 (cento e vinte e quatro) escolas e 134 (cento e trinta e quatro) turmas de 1º e 2º ano.
- 2018, 5.134 (cinco mil, cento e trinta e quatro) estudantes em 111 (cento e onze) escolas e 259 (duzentos e cinquenta e nove) turmas de 1º, 2º e 3º ano.
- 2019, 5.653 (cinco mil seiscentos e cinquenta e três) estudantes em 111 (cento e onze) escolas e 316 (trezentos e dezesseis) turmas de 1º, 2º e 3º ano.
- 2020, 5.020 (cinco mil e vinte) estudantes em 113 (cento e treze) escolas e 317 (trezentos e dezessete) turmas de 1º, 2º e 3º ano.
- 2021, 5.592 (cinco mil quinhentos e noventa e dois) estudantes em 118 (cento e dezoito) escolas e 325 (trezentos e vinte e cinco) turmas de 1º, 2º e 3º ano.

- 2022, 5.589 (cinco mil quinhentos e oitenta e nove) estudantes em 115 (cento e quinze) escolas e 350 (trezentos e cinquenta) turmas de 1º, 2º e 3º ano.

Como observado, a partir de 2018 o atendimento contemplou todo o ensino médio com turmas de 1º, 2º e 3º ano em diversas localidades (municípios, comunidades, distritos, ramais e vilas) jurisdicionadas pelas 18 CREs.

Concluindo toda a etapa da formação básica, a Mediação Tecnológica consolidou-se a partir deste ano como um programa educacional e uma política pública educacional em atendimento a jovens estudantes do ensino médio em Rondônia.

Breve conclusão

Desde a implantação do atendimento por Mediação Tecnológica aos jovens estudantes do ensino médio do estado de Rondônia em 2016, sua legislação e atendimento, percebe-se que houve um avanço considerado por muitos como positivo.

E de acordo com a Secretaria Estadual de Educação, 1.214 estudantes concluíram o ensino médio por Mediação Tecnológica em 2018 no estado de Rondônia. De fato, após a conclusão dessas turmas de 3º ano, podemos dizer que houve uma "comprovação" da sua efetividade, haja vista que se observou uma crescente no número de estudantes atendidos, desses: indígenas, quilombolas, ribeirinhos e sitiantes que iniciaram e concluíram a educação básica. Fato que possibilitou que eles não precisassem sair de suas comunidades, nem se afastassem de suas famílias para ter acesso ao ensino médio.

REFERÊNCIAS

AGUIAR, Luciana. Dermani. **Ser e fazer-se docente no ensino médio mediado por tecnologia**: o caso do professor presencial de Rondônia. 2018. Dissertação (Mestrado em Gestão e Avaliação da Educação Pública) – Programa de Pós-graduação em Gestão e Avaliação da Educação Pública da Universidade Federal de Juiz de Fora, Juiz de Fora, 2018.

ALMEIDA, Maria Elizabeth Bianconcini; VALENTE, José Armando. **Tecnologias e currículo:** trajetórias convergentes ou divergentes? São Paulo: Paulus, 2011.

ARROYO, Miguel Gonzalez; CALDART, Roseli Salete; MOLINA, Mônica Castagna (org.). **Por uma educação do campo**. Petrópolis: Vozes, 2004.

BRASIL. **Ciências da Natureza, Matemática e suas tecnologias**. Brasília: MEC/SEMTEC, 2002. Disponível em: http://portal.mec.gov.br/seb/arquivos/pdf/book_volume_02_internet.pdf. Acesso em: 8 maio 2022.

BRASIL. **Ciências Humanas e suas tecnologias**. Brasília: MEC/SEMTEC, 2002. Disponível em: http://portal.mec.gov.br/seb/arquivos/pdf/book_volume_02_internet.pdf. Acesso em: 8 maio 2022.

BRASIL. **Constituição da República Federativa do Brasil**. Brasília: 5 out. 1988.

BRASIL. **Diretrizes Curriculares Nacionais para a Educação das Relações Étnico-Raciais e para o Ensino de História e Cultura Afro-Brasileira e Africana**. Brasília: MEC/SEPPIR, 2005.

BRASIL. **Diretrizes operacionais para a educação básica nas escolas do campo**. Brasília: MEC/SECAD, 2004.

BRASIL. **Linguagens, Códigos e suas tecnologias**. Brasília: MEC/SEMTEC, 2002.

BRASIL. **Orientações Curriculares do Ensino Médio**. Brasília: MEC/SEB/Departamento de Políticas de Ensino Médio, 2004.

BRASIL. Resolução n.º 1, de 2 de fevereiro de 2016. **Diário Oficial da União**, Brasília, 2016. Disponível em: https://normativasconselhos.mec.gov.br/normativa/view/CNE_RES_CNECEBN12016.pdf?query=EaD. Acesso em: 10 maio 2022.

BRASIL. Lei n.º 9.394, de 20 de dezembro de 1996. Lei de Diretrizes e Bases da Educação Nacional. **Diário Oficial da União**, Brasília, 1996. Disponível em: https://www.planalto.gov.br/ccivil_03/leis/l9394.htm. Acesso em: 10 maio 2022.

BRASIL. Emenda Constitucional n.º 14, de setembro de 1996. **Diário Oficial da União**, Brasília, 1996. Disponível em: https://www.planalto.

gov.br/ccivil_03/constituicao/emendas/emc/emc14.htm. Acesso em: 9 maio 2023.

BRASIL. **Emenda Constitucional n.º 59, de 11 de novembro de 2009.** Diário Oficial da União, Brasília, 2009. Disponível em: https://www.planalto.gov.br/ccivil_03/constituicao/emendas/emc/emc59.htm. Acesso em: 10 maio 2022.

BRASIL. Resolução n.º 3, de 26 de junho de 1998. Diretrizes Curriculares Nacionais do Ensino Médio. **Diário Oficial da União**, Brasília, 1998. Disponível em: http://portal.mec.gov.br/cne/arquivos/pdf/rceb03_98.pdf. Acesso em: 10 maio 2022.

BRASIL. Resolução CNE/CEB nº 2, de 30 de janeiro de 2012. Plano de Fortalecimento e Expansão do Ensino Médio, 2012. **Diário Oficial da União**, Brasília, 2012. Disponível em: https://normativasconselhos.mec.gov.br/normativa/view/CNE_RES_CNECEBN22012.pdf. Acesso em: 25 mar. 2022.

BRASIL. Resolução CNE/CBE n.º 2, de 31 de janeiro de 2012. **Diretrizes Curriculares Nacionais do Ensino Médio.** Disponível em: https://pactoensinomedio.mec.gov.br/images/pdf/resolucao_ceb_002_30012012.pdf. Acesso em: 8 maio 2022.

BRASIL. Parecer n.º 5 CNE/CBE, de 5 de maio de 2011. **Diretrizes Curriculares Nacionais do Ensino Médio.** Disponível em: https://normativasconselhos.mec.gov.br/normativa/view/CNE_PAR_CNECEBN52011.pdf?query=M%C3%89DIO. Acesso em: 8 maio 2022.

BRASIL. Lei n.º 10.172, de 9 de janeiro de 2001. **Plano Nacional de Educação 2001-2010.** Disponível em: https://www.planalto.gov.br/ccivil_03/leis/leis_2001/l10172.htm. Acesso em: 7 maio 2022.

CALDARTIGO, Roseli Salete. **Educação em movimento:** formação de educadoras e educadores no MST. Petrópolis: Vozes, 1997.

COSTA, João Ribeiro. **Atuação do professor presencial no Projeto Ensino Médio Presencial com Mediação Tecnológica no município de Parintins/AM.** 2015. Dissertação (Mestrado em Gestão e Avaliação da Educação Pública) – Programa de Pós-graduação em Gestão e Avaliação da Educação Pública da Universidade Federal de Juiz de Fora, Juiz de Fora, 2015.

IBGE – Instituto Brasileiro de Geografia e Estatística. **Síntese do Estado de Rondônia**. 2015/2016. Disponível em: http://www.ibge.gov.br/estadosat/perfil.php?sigla=ro. Acesso em: 22 jun. 2022.

MAIA, Haroldo de Oliveira. **Competências docentes**: em modelo de ensino mediado por tecnologia da informação e comunicação. Curitiba: CRV, 2019.

OBSERVATÓRIO DO PNE. **Formação de professores**. Metas PNE, 2016. Disponível em: http://www.observatoriodopne.org.br/metas-pne/15-formacaoprofessores/dossielocalidades. Acesso em: 10 maio 2022.

RABELO, Mauro Sérgio Soares. EaD, a educação presente nas comunidades ribeirinhas da Amazônia brasileira. **Educandi&Civitas**, Macapá, v. 1, n. 2, p. 65-77, 2019.

RONDÔNIA. Lei n.º 3.846, de 4 de julho de 2016. **Diário Oficial do Estado de Rondônia**, Porto Velho, 4 jul. 2022.

RONDONIA. **Plano Estadual de Educação (PEE)**. Disponível em: https://rondonia.ro.gov.br/wp-content/uploads/2021/09/PLANO-ESTADUAL-DE-EDUCACAO-PEE-2014-2024.pdf. Acesso em: 2 fev. 2022.

RONDÔNIA. **Plano Estratégico Rondônia de Oportunidade**. 2013-2018. Disponível em: http://www.diario.Seduc.ro.gov.br/. Acesso em: 5 jun. 2022.

RONDÔNIA. **Referencial Curricular de Rondônia** – Ensino Médio. 2013.

RONDÔNIA. **Resolução n. 138/99-CEE/RO**, de 27 de dezembro de 1999. Disponível em: http://www.seduc.ro.gov.br/portal/legislacao/RES-CEE0138_1999.pdf. Acesso em: 7 maio 2022.

RONDÔNIA. **Resolução n. 827/10-CEE/RO**, de 6 de dezembro de 2010. Disponível em: Acesso em: 7 maio 2022.

RONDÔNIA. **Secretaria de Estado da Educação.**2022. Disponível em: http://www.diario.Seduc.ro.gov.br/. Acesso em: 14 jul. 2022.

SEDUC. Portaria n.º 1.001, de 29 de setembro 2008. GAB/SEDUC. **Diário Oficial de Rondônia** Disponível em: https://diof.ro.gov.br/doe/doe_21_06_101.pdf. Acesso: 23 mar. 2022.

SILVA. Maria Abadia da. **O Banco Mundial e a política de privatização da educação brasileira**. Campo Grande: [s. n.], 2002. (Série Estudos, n.º 13).

SILVA, Alex Sandro Possamai da.; SANTOS, Claudinei Lúcio Soares dos. Distância da educação: passando pelo projeto de educação a distância no Ensino Médio em Rondônia. *In*: CONGRESSO INTERNACIONAL DE DIREITO NA AMAZÔNIA, 3., Manaus. **Anais** [...] Manaus: Universidade Federal do Amazonas, 2019.

SINTERO. **Mediação tecnológica é criticada em audiência pública na ALE**. Disponível em: https://sintero.org.br/noticias/geral/mediacao-tecnologica-e-criticada-em-audiencia-publica-na-ale/657. Acesso em: 8 maio 2022.

3

A MEDIAÇÃO TECNOLÓGICA E O PLANO ESTADUAL DE EDUCAÇÃO (PEE)

Daniele Braga Brasil

Vimos no capítulo anterior que a principal justificativa para a implantação da Mediação Tecnológica foi a inclusão de estudantes que estavam fora da sala de aula no Ensino Médio. E de acordo com a Seduc-RO, o objetivo da Mediação Tecnológica é atender à demanda educacional, preferencialmente, de estudantes que residem em comunidades de difícil acesso, zona rural, populações indígenas, extrativistas, pescadores artesanais, remanescentes quilombolas, ribeirinhos, sitiantes e demais "povos da floresta". Público esse que, anteriormente ao atendimento por Mediação Tecnológica, concluía o Ensino Fundamental e não continuava seus estudos devido às dificuldades de acesso, distância de suas comunidades e ausência de professores habilitados nos componentes curriculares.

Pois bem, para começar esta discussão, segundo a Pesquisa Nacional por Amostra de Domicílio (PNAD, 2014), pelo menos 70 mil jovens entre 15 e 17 anos estavam fora da sala de aula. Isso demonstrava, à época, que elevar a taxa de estudantes matriculados de 77,1% em 2015 para 85% em 2024 era um desafio. Aguiar (2018) argumenta que com esses números Rondônia estava distante de atender à meta 3 do Plano Nacional de Educação (PNE) relacionada à universalização do atendimento escolar.

O Plano Estadual de Educação do Estado de Rondônia (PEE/RO) foi construído por processo democrático envolvendo a participação dos Sistemas de Ensino, Representações dos Poderes Executivo e Legislativo, Ministério Público, Sociedade Civil e Entidades

Colegiadas, para o estabelecimento de compromissos educacionais mútuos, consubstanciando-se nas exigências legais, dispostas no artigo 214 da Constituição Federal, de 5 de outubro de 1988; na Lei de Diretrizes e Bases da Educação Nacional, Lei n.º 9.394, de 20 de dezembro de 1996; no Plano Nacional de Educação, Lei n.º 13.005, de 25 de junho de 2014. O Fórum Estadual de Educação (FEE/RO) e a Secretaria de Estado da Educação (Seduc/RO) assumiram a coordenação do processo de construção coletiva do plano.

O Plano Estadual de Educação significa um marco histórico para a educação de Rondônia, dado os seguintes aspectos: a) Fixa metas e estratégias para um período de 10 (dez) anos, o que garante a continuidade da política educacional e coerência nas prioridades durante uma década; e b) Contempla todos os níveis, etapas de ensino e modalidades de educação e os âmbitos da produção de aprendizagens, da gestão, da valorização profissional, do financiamento e da avaliação.

O Plano Estadual foi estruturado a partir de 20 (vinte) metas, estabelecidas em consonância com o Plano Nacional de Educação, sobre as quais as Conferências Regionais puderam apresentar estratégias considerando as seguintes diretrizes:

I. Erradicação do analfabetismo.
II. Universalização do atendimento escolar.
III. Superação das desigualdades educacionais.
IV. Melhoria da qualidade do ensino.
V. Formação para o trabalho e para a cidadania.
VI. Promoção do princípio da gestão democrática da educação.
VII. Promoção humanística, científica, cultural e tecnológica do país.
VIII. Estabelecimento de meta de aplicação de recursos públicos em educação como proporção do produto interno bruto, que assegure atendimento às necessidades de expansão, com padrão de qualidade e equidade.
IX. Valorização dos profissionais da educação.
X. Promoção dos princípios do respeito aos direitos humanos e à sustentabilidade socioambiental.

- Ofertar o ensino médio, preferencialmente, a estudantes do campo e com déficit de professores habilitados nos componentes curriculares.
- Favorecer o acesso, permanência e êxito do estudante, em especial ao ensino médio, com a presença de professores presenciais e professores ministrantes em estúdios de TV com utilização de novas tecnologias, remetendo às atividades relacionadas à aplicação dos conhecimentos e habilidades constituídos ao longo da educação básica, relacionados com a diversidade cultural dos estudantes.
- Disponibilizar conteúdo educacional (vídeos) para escolas da rede estadual de Rondônia por meio da plataforma educacional e canal do YouTube para ser utilizado em aulas de reforços, nivelamento, preparatório para o Exame Nacional do Ensino Médio (Enem), entre outras ações.
- Proporcionar cursos de curta e longa duração, treinamentos, palestras, entre outros, em cooperação com entidades, secretarias e demais órgãos a serem estabelecidos pela Seduc/RO.
- Incentivar a pesquisa científica metodológica como uma via para a construção de conhecimento e informações, base para a construção de conhecimento, progresso humano no mundo científico, tecnológico e cultural.

Segundo Costa e Oliveira (2013), o PNE é um instrumento decisivo e estratégico para a educação brasileira, já que estabelece diretrizes e metas a serem alcançadas até 2020. Cada meta vem acompanhada de estratégias que visam atingir os objetivos propostos. É composto de 10 diretrizes e 20 metas. Como diretrizes, o plano apresenta:

1. Erradicação do analfabetismo.
2. Universalização do atendimento escolar.
3. Superação das desigualdades educacionais.
4. Melhoria da qualidade de ensino.
5. Formação para o trabalho.

6. Promoção da sustentabilidade socioambiental.
7. Promoção humanística, científica e tecnológica do país.
8. Estabelecimento de meta de aplicação de recursos públicos em educação como proporção do produto interno bruto.
9. Valorização dos profissionais da educação.
10. Difusão dos princípios da equidade, do respeito à diversidade e da gestão democrática da educação.

Tratando do ensino médio, a Meta 11 do PNE tem como objetivo triplicar o número de matrículas da educação profissional técnica de nível médio, garantindo a qualidade da oferta e a expansão em, no mínimo, 50% dessa modalidade no segmento público (BRASIL, 2015). Essa ampliação do número de matrículas na educação profissional possibilita o acesso à formação, em especial para a população mais pobre, contribuindo, assim, para a redução das desigualdades sociais no Brasil, conforme a própria LDB propõe quando trata da preparação do educando para o exercício das profissões técnicas, sem prejuízo da sua formação geral (BRASIL, 2015).

O Estado de Rondônia, em seu Plano Estratégico de 2013-2018, trouxe como projeto prioritário o ensino médio Inovador. Mediado por meio da tecnologia, o projeto buscava o fortalecimento do ensino médio. Essa política pública foi reafirmada no Plano Estratégico de 2016-2020, no eixo de bem-estar social, tendo como uma das metas a redução da evasão escolar em 25%, no âmbito do ensino médio, até 2018 (RONDÔNIA, 2016).

O governo do estado adota a educação a distância como modalidade para o Ensino Médio, respaldando-se na Lei de Diretrizes e Bases da Educação, que prevê o incentivo aos Programas de Ensino a Distância (EaD), em todos os níveis e modalidades de ensino, e de educação continuada. De forma complementar, o Decreto n.º 5.622/2005 contempla que:

> Artigo 1º. Para os fins do decreto, caracteriza - se a educação à distância como modalidade educacional na qual a medida didática - pedagógica nos processos

> de ensino e aprendizagem ocorre com a utilização de meios e tecnologias de informação e comunicação, com estudantes e professores desenvolvendo atividades educativas em lugares ou tempos diversos. (BRASIL, 2005, s/p).

Ao disponibilizar o PEE de Rondônia cujo objetivo é estabelecer as políticas públicas que nortearão a educação no período de 2014-2024, dá-se um importante passo na efetivação de um instrumento de planejamento, balizador de ações que refletem o compromisso que o governo assume com a sociedade, visando ampliar a oferta, democratizar o acesso, garantir a permanência e o sucesso da aprendizagem, promovendo, assim, um verdadeiro pacto pela educação de qualidade no estado de Rondônia.

Meta PEE

Ampliar o atendimento escolar para a população de 15 a 17 anos, e elevar até o final do período de vigência deste PEE a taxa líquida de matrículas do ensino médio de 45,7% para 85% nesta faixa etária.

Meta 9

Elevar a escolaridade média da população a partir de 18 anos, de modo a alcançar, no mínimo, 10 anos de estudos no último ano de vigência deste PEE, para negros, indígenas, quilombolas, populações do campo, ribeirinhos e povos das florestas, comunidades tradicionais da região de menor escolaridade e dos 25% mais pobres, e igualar a escolaridade média entre negros e não negros declarados ao Instituto Brasileiro de Geografia e Estatística (IBGE), com vistas à redução da desigualdade social.

REFERÊNCIAS

AGUIAR, L. D. **Ser e fazer-se docente no Ensino Médio mediado por tecnologia**: o caso do professor presencial de Rondônia. 2018. Dissertação (Mestrado em Gestão e Avaliação da Educação Pública) – Programa de

Pós-graduação em Gestão e Avaliação da Educação Pública da Universidade Federal de Juiz de Fora, Juiz de Fora, 2018.

OBSERVATÓRIO DO PNE. Formação de professores. **Metas PNE**. [S. l.], 2016. Disponível em: http://www.observatoriodopne.org.br/metas-pne/15-formacaoprofessores/dossielocalidades. Acesso em: 15 set. 2021.

PNAD – **Pesquisa Nacional por Amostra de Domicílios**. [S. l.], 2019. Disponível em: http://www.ibge.gov.br. Acesso em: 11 ago. 2021.

SEDUC – Secretaria Estadual de Educação. **Projeto de Ensino Médio com Mediação Tecnológica**. Porto Velho: Seduc, 2016.

4

A PROPOSTA PEDAGÓGICA DA MEDIAÇÃO TECNOLÓGICA

Daniele Braga Brasil

PROPOSTA PEDAGÓGICA

Como início deste capítulo vamos trazer os princípios constitucionais e levar adiante todas as ideias preconizadas na LDB/96, na qual a educação deve possibilitar acesso a conhecimentos que permitam a compreensão das diferentes formas de explicar o mundo, seus fenômenos naturais, sua organização social e seus processos produtivos.

Em 8 de março, publicou-se a Portaria n.º 680/2016 — GAB/Seduc, que implantou o Projeto de Ensino Médio com Mediação Tecnológica. E em seu artigo 3º apresenta uma contradição que merece ser apontada: "Artigo 3º As aulas do Projeto do Ensino Médio com Mediação Tecnológica serão realizadas pelo professor ministrante, principalmente em tempo real, no estúdio localizado em Porto Velho – RO".

Com observância ao artigo 5º da Resolução CNE/CEB n.º 2/2012, que define as Diretrizes Curriculares Nacionais para o Ensino Médio, baseia-se em:

> I. Formação integral do estudante;
>
> II. Trabalho e pesquisa como princípios educativos e pedagógicos, respectivamente;

III. Educação em direitos humanos como princípio nacional norteador;

IV. Sustentabilidade ambiental como meta universal;

V. Indissociabilidade entre educação e prática social, considerando-se a historicidade dos conhecimentos e dos sujeitos do processo educativo, bem como entre teoria e prática no processo de ensino-aprendizagem;

VI. Integração de conhecimentos gerais, realizada na perspectiva da interdisciplinaridade e da contextualização;

VII. Reconhecimento e aceitação da diversidade e da realidade concreta dos sujeitos do processo educativo, das formas de produção, dos processos de trabalho e das culturas a eles subjacentes;

VIII. Integração entre educação e as dimensões do trabalho, da Ciência, da Tecnologia e da cultura como base da proposta e do desenvolvimento curricular.

§ 1º O trabalho é conceituado na sua perspectiva ontológica de transformação da natureza, como realização inerente ao ser humano e como mediação no processo de produção da sua existência.

§ 2º A Ciência é conceituada como o conjunto de conhecimentos sistematizados, produzidos socialmente ao longo da história, na busca da compreensão e transformação da natureza e da sociedade.

§ 3º A tecnologia é conceituada como a transformação da ciência em força produtiva ou mediação do conhecimento científico e a produção, marcada, desde sua origem, pelas relações sociais que a levaram a ser produzida.

§ 4º A cultura é conceituada como o processo de produção de expressões materiais, símbolos, representações e significados que correspondem a valores éticos, políticos e estéticos que orientam as normas de conduta de uma sociedade. (BRASIL, 2012, s/p).

Com esse aporte, a estrutura curricular da Mediação Tecnológica objetiva, por meio dos princípios da contextualização e da interdisciplinaridade, vincular a educação ao mundo do trabalho e à prática social. Podendo o estudante continuar a aprender, ter autonomia intelectual e pensamento crítico, compreendendo os fundamentos científicos e tecnológicos do processo produtivo, por exemplo.

Os conteúdos são tratados como meios para a constituição de ensino por Competências e Habilidades, em que o estudante desenvolve a sensibilidade para identificar as relações existentes entre os conteúdos e as situações de aprendizagem com os contextos sociais.

O currículo foi organizado em quatro áreas do conhecimento, conforme definiu as Diretrizes Curriculares Nacionais, Resolução n.º 2, de 30 de janeiro de 2012. E no Referencial Curricular do Ensino Médio Rondônia de 2013, como a organização curricular do ensino médio tem uma Base Nacional Comum e uma parte diversificada que não deve constituir blocos distintos, mas um todo integrado, como forma de garantir conhecimentos e saberes comuns necessários a todos os estudantes, considerando a diversidade e as características locais e as especificidades regionais.

O currículo foi organizado nas seguintes áreas de conhecimento:

I. Linguagens e suas tecnologias;
II. Matemática e suas tecnologias;
III. Ciências da Natureza e suas tecnologias;
IV. Ciências Humanas e suas tecnologias.

Com observância dos componentes curriculares obrigatórios decorrentes da LDB/96, quais sejam:

I – Linguagens:

- Língua Portuguesa, incluindo os conteúdos de Literatura, com ênfase na Literatura Brasileira;
- Língua Estrangeira Moderna, sendo oferecidas a Língua Inglesa como obrigatória e a Língua Espanhola;

- Arte, em suas diferentes linguagens: cênicas, plásticas e, obrigatoriamente, musical;
- Educação Física.

II – Matemática:

- Matemática.

III – Ciências da Natureza:

- Biologia;
- Física;
- Química.

IV – Ciências Humanas:

- História;
- Geografia;
- Filosofia;
- Sociologia.

Além dos componentes curriculares ditos obrigatórios, tratados nas Diretrizes Curriculares Nacionais Gerais da Educação Básica e do Ensino Médio, o currículo do Ensino da Mediação Tecnológica teve acrescido os seguintes componentes curriculares em sua Parte Diversificada:

V – História do Estado de Rondônia e Geografia do Estado de Rondônia, em observância ao disposto no artigo 258 da Constituição Estadual e nas normas do Sistema Estadual de Ensino;

VI – Noções Básicas de Agroecologia e Zootecnia (NBAZ), para atendimento às peculiaridades regionais da agropecuária familiar, que irão potencializar as seguintes competências:

- compreender a importância do estudo da Zootecnia e Agroecologia;
- valorizar a ação do homem do campo para as práticas agropecuárias;
- entender a diversidade de produção agropecuária e suas transformações;
- estabelecer relações entre as diversas culturas, criações, animais (bovinocultura de corte e leite, piscicultura, avicultura, entre outras) e seus custos de produção;
- compreender os diversos tipos de manuseio sustentável de horticultura das hortaliças e citricultura (café, cupuaçu, cacau, laranja, urucum, entre outras) em pequenas e médias propriedades;
- compreender as práticas e as técnicas da Agroecologia numa perspectiva de produção sustentável;
- compreender a importância da participação popular no desenvolvimento da vida rural, valorizando o saber popular;
- considerar e valorizar o potencial econômico do solo vivo na pequena e média propriedade rural;
- aplicar de forma sustentável as técnicas de combate a pragas e a doenças, bem como técnicas de fertilização, recuperação e adubação orgânica do solo;
- Conhecer as diversas formas de manejo de pastagens, forragem, capineira e remanescentes florestais como forma de produção sustentável; entre muitas outras.

De 2016 a 2021 os conteúdos curriculares foram desenvolvidos conforme o Referencial Curricular de Rondônia. Porém em 2022, com a implantação do Novo Ensino Médio em Rondônia, a Mediação Tecnológica seguiu um novo caminho, que discutiremos em outro momento.

Competências e Habilidades

Considerando que a LDB/96 pontua que o ensino médio é a última etapa da Educação Básica, a Resolução CNE/98 institui as Diretrizes Curriculares Nacionais para o Ensino Médio, a qual organizou o ensino por áreas de conhecimento e, por sua vez, essas áreas devem contemplar Competências e Habilidades. A Mediação Tecnológica de Rondônia foi planejada para atender ao preceito estabelecido ao destacar que:

> Nessa nova etapa, em que já se pode contar com uma maior maturidade do aluno, os objetivos educacionais podem passar a ter maior ambição formativa, tanto em termos da natureza das informações tratadas, dos procedimentos e atitudes envolvidas, como em termos das habilidades, competências e dos valores desenvolvidos. Mais amplamente integrado à vida comunitária, o estudante da escola de nível médio já tem condições de compreender e desenvolver consciência mais plena de suas responsabilidades e direitos, juntamente com o aprendizado disciplinar. (BRASIL, 1997, p. 6).

É justamente devido a essa maturidade que o PCN ainda norteia a necessidade da interdisciplinaridade considerando o grau de especificidade presente nas distintas ciências e em parte nas tecnologias associadas a elas.

Pensando em tudo isso, passamos a destacar as áreas de conhecimento com suas Competências e Habilidades.

Quadro 1 - Competências e Habilidades gerais da área: LINGUAGEM

Representação e Comunicação	Confrontar opiniões e pontos de vista sobre as diferentes linguagens e suas manifestações específicas;
	Utilizar-se das linguagens como meio de expressão, informação e comunicação, em situações intersubjetivas, que exijam graus de distanciamento e reflexão sobre os contextos e estatutos dos interlocutores; e colocar-se como protagonista no processo de produção/recepção;
	Compreender e usar a Língua Portuguesa como língua materna, geradora de significação e integradora da organização de mundo e da própria identidade;
	Aplicar as tecnologias da comunicação e da informação na escola, no trabalho e em outros contextos relevantes para a sua vida.

Investigação e Compreensão	Analisar, interpretar e aplicar os recursos expressivos das linguagens, relacionando textos com seus contextos, mediante a natureza, função, organização, estrutura das manifestações, de acordo com as condições de produção/recepção (intenção, época, local, interlocutores participantes da criação e propagação de ideias e escolhas, tecnologias disponíveis etc.);
	Recuperar, pelo estudo, as formas instituídas de construção do imaginário coletivo, o patrimônio representativo da cultura e as classificações preservadas e divulgadas, no eixo temporal e espacial. - Articular as redes de diferenças e semelhanças entre as linguagens e seus códigos;
	Conhecer e usar línguas estrangeiras modernas como instrumento de acesso a informações, a outras culturas e grupos sociais;
	Entender os princípios das tecnologias da comunicação e da informação, associá-las aos conhecimentos científicos, às linguagens que lhes dão suporte e aos problemas que se propõem a solucionar;
	Entender a natureza das tecnologias da informação como integração de diferentes meios de comunicação, linguagens e códigos, bem como a função integradora que elas exercem na sua relação com as demais tecnologias.
Contextualização sociocultural	Considerar a linguagem e suas manifestações como fontes de legitimação de acordos e condutas sociais, e sua representação simbólica como forma de expressão de sentidos, emoções e experiências do ser humano na vida social;
	Compreender e usar os sistemas simbólicos das diferentes linguagens como meios de: organização cognitiva da realidade pela constituição de significados, expressão, comunicação e informação;
	Respeitar e preservar as manifestações da linguagem, utilizadas por diferentes grupos sociais, em suas esferas de socialização; usufruir do patrimônio nacional e internacional, com as suas diferentes visões de mundo; e construir categorias de diferenciação, apreciação e criação;
	Entender o impacto das tecnologias da comunicação na sua vida, nos processos de produção, no desenvolvimento do conhecimento e na vida social.

Fonte: Secretaria do Estado da Educação, 2016

Quadro 2 – Competências e Habilidades a serem desenvolvidas em LÍNGUA PORTUGUESA

Representação e Comunicação	Confrontar opiniões e pontos de vista sobre as diferentes manifestações da linguagem verbal;
	Compreender e usar a Língua Portuguesa como língua materna, geradora de significação e integradora da organização do mundo e da própria identidade. Aplicar as tecnologias de comunicação e da informação na escola, no trabalho e em outros contextos relevantes da vida.
Investigação e Compreensão	Analisar os recursos expressivos da linguagem verbal, relacionando textos/contextos, mediante a natureza, função, organização, estrutura, de acordo com as condições de produção, recepção (intenção, época, local, interlocutores participantes da criação e propagação das ideias e escolhas, tecnologias disponíveis);
	Recuperar, pelo estudo do texto literário, as formas instituídas de construção do imaginário coletivo, o patrimônio representativo da cultura e as classificações preservadas e divulgadas, no eixo temporal e espacial. Articular as redes de diferenças e semelhanças entre a língua oral e escrita e seus códigos sociais, contextuais e linguísticos.
Contextualização sociocultural	Considerar a Língua Portuguesa como fonte de legitimação de acordos e condutas sociais e como representação simbólica de experiências humanas manifestas nas formas de sentir, pensar e agir na vida social. Entender os impactos das tecnologias da comunicação, em especial da língua escrita, na vida, nos processos de produção, no desenvolvimento do conhecimento e na vida social.

Fonte: Secretaria do Estado da Educação, 2016

Quadro 3 – Competências e Habilidades a serem desenvolvidas em LÍNGUA ESTRANGEIRA MODERNA

Representação e Comunicação	Escolher o registro adequado à situação na qual se processa a comunicação e o vocábulo que melhor reflita a ideia que pretende comunicar;
	Utilizar os mecanismos de coerências e coesão na produção oral e/ou escrita;
	Utilizar as estratégias verbais e não-verbais para compensar as falhas, favorecer a efetiva comunicação e alcançar o efeito pretendido em situações de produção e leitura. Conhecer e usar as línguas estrangeiras modernas como instrumento de acesso a informações a outras culturas e grupos sociais.

Investigação e Compreensão	Compreender de que forma determinada expressão pode ser interpretada em razão de aspectos sociais e/ou culturais. Analisar os recursos expressivos da linguagem verbal, relacionando textos/contextos mediante a natureza, função, organização, estrutura, de acordo com as condições de produção/recepção (intenção, época, local, interlocutores participantes da criação e propagação de ideias e escolhas, tecnologias disponíveis).
Contextualização sociocultural	Saber distinguir as variantes linguísticas; Compreender em que medida os enunciados refletem a forma de ser, pensar, agir e sentir de quem os produz.

Fonte: Secretaria do Estado da Educação, 2016

Quadro 4 – Competências e Habilidades a serem desenvolvidas em
EDUCAÇÃO FÍSICA

Representação e Comunicação	Demonstrar autonomia na elaboração de atividades corporais, assim como capacidade para discutir e modificar regras, reunindo elementos de várias manifestações de movimento e estabelecendo uma melhor utilização dos conhecimentos adquiridos sobre a cultura corporal; Assumir uma postura ativa na prática das atividades físicas, e consciente da importância delas na vida do cidadão; Participar de atividades em grandes e pequenos grupos, compreendendo as diferenças individuais e procurando colaborar para que o grupo possa atingir os objetivos a que se propôs; Reconhecer na convivência e nas práticas pacíficas, maneiras eficazes de crescimento coletivo, dialogando, refletindo e adotando uma postura democrática sobre diferentes pontos de vista postos em debate. Interessar-se pelo surgimento das múltiplas variações da atividade física, enquanto objeto de pesquisa e área de interesse social e de mercado de trabalho promissor.

Investigação e Compreensão	Compreender o funcionamento do organismo humano de forma a reconhecer e modificar as atividades corporais, valorizando-as como melhoria de suas aptidões físicas;
	Desenvolver as noções conceituadas de esforço, intensidade e frequência, aplicando-as em suas práticas corporais;
	Refletir sobre as informações específicas da cultura corporal, sendo capaz de discerni-las e interpretá-las em bases científicas, adotando uma postura autônoma, na seleção de atividades procedimentos para a manutenção ou aquisição de saúde.
Contextualização sociocultural	Compreender as diferentes manifestações da cultura corporal, reconhecendo e valorizando as diferenças de desempenho, linguagem e expressão.

Fonte: Secretaria do Estado da Educação, 2016

Quadro 5 – Competências e Habilidades a serem desenvolvidas em ARTE

Representação e Comunicação	Realizar produções artísticas, individuais e/ou coletivas, nas linguagens da arte (música, artes visuais, dança, teatro, artes audiovisuais);
	Apreciar produtos de arte, em suas várias linguagens, desenvolvendo tanto a fruição quanto a análise estética.
Investigação e Compreensão	Analisar, refletir e compreender os diferentes processos da Arte, com seus diferentes instrumentos de ordem material e ideal, como manifestações socioculturais e históricas;
	Conhecer, analisar, refletir e compreender critérios culturalmente construídos e embasados em conhecimentos afins, de caráter filosófico, histórico, sociológico, antropológico, semiótica, científico e tecnológico, entre outros.
Contextualização sociocultural	Analisar, refletir, respeitar e preservar as diversas manifestações de Arte - em suas múltiplas funções - utilizadas por diferentes grupos sociais e étnicos, interagindo com o patrimônio nacional e internacional, que se deve conhecer e compreender em sua dimensão sócio histórica.

Fonte: Secretaria do Estado da Educação, 2016

Quadro 6 – Competências e Habilidades gerais da área MATEMÁTICA

Representação e Comunicação	Ler e interpretar textos de Matemática;
	Ler, interpretar e utilizar representações matemáticas (tabelas, gráficos, expressões etc.);
	Transcrever mensagens matemáticas da linguagem corrente para linguagem simbólica (equações, gráficos, diagramas, fórmulas, tabelas etc.) e vice-versa;
	Exprimir-se com correção e clareza, tanto na língua materna, como na linguagem matemática, usando a terminologia correta;
	Produzir textos matemáticos adequados;
	Utilizar adequadamente os recursos tecnológicos como instrumentos de produção e de comunicação;
	Utilizar corretamente instrumentos de medição e de desenho;
	Identificar, representar e utilizar o conhecimento geométrico para aperfeiçoamento da leitura, da compreensão e da ação sobre a realidade.
Investigação e Compreensão	Identificar o problema (compreender enunciados, formular questões etc.);
	Identificar, analisar e aplicar conhecimentos sobre valores de variáveis, representados em gráficos, diagramas ou expressões algébricas, realizando previsão de tendências, extrapolações e interpolações e interpretações;
	Procurar, selecionar e interpretar informações relativas ao problema;
	Formular hipóteses e prever resultados;
	Selecionar estratégias de resolução de problemas;
	Interpretar e criticar resultados numa situação concreta;
	Distinguir e utilizar raciocínios dedutivos e indutivos;
	Analisar qualitativamente dados quantitativos representados gráfica ou algebricamente relacionados a contextos socioeconômicos, científicos ou cotidianos;
	Discutir ideias e produzir argumentos convincentes.

Contextualização sociocultural	Desenvolver a capacidade de utilizar a Matemática na interpretação e intervenção no real.
	Aplicar conhecimentos e métodos matemáticos em situações reais, em especial em outras áreas do conhecimento;
	Relacionar etapas da história da Matemática com a evolução da humanidade;
	Utilizar adequadamente calculadoras e computador, reconhecendo suas limitações e potencialidades;
	Fazer e validar conjecturas, experimentando, recorrendo a modelos, esboços, fatos conhecidos, relações e propriedades;
	Utilizar corretamente instrumentos de medição e de desenho;
	Identificar, representar e utilizar o conhecimento geométrico para aperfeiçoamento da leitura, da compreensão e da ação sobre a realidade.

Fonte: Secretaria do Estado da Educação, 2016

Quadro 7 – Competências e Habilidades a serem desenvolvidas em
CIÊNCIAS DA NATUREZA

Representação e Comunicação	Desenvolver a capacidade de comunicação.
	Ler e interpretar textos de interesse científico e tecnológico;
	Interpretar e utilizar diferentes formas de representação (tabelas, gráficos, expressões, ícones...);
	Exprimir-se oralmente com correção e clareza, usando a terminologia correta;
	Produzir textos adequados para relatar experiências, formular dúvidas ou apresentar conclusões;
	Utilizar as tecnologias básicas de redação e informação, como computadores;
	Identificar variáveis relevantes e selecionar os procedimentos necessários para a produção, análise e interpretação de resultados de processos e experimentos científicos e tecnológicos;
	Analisar qualitativamente relacionados a contextos socioeconômicos, científicos ou cotidianos.

Investigação e Compreensão	Desenvolver a capacidade de questionar processos naturais e tecnológicos, identificando regularidades, apresentando interpretações e prevendo evoluções; Desenvolver o raciocínio e a capacidade de aprender. Formular questões a partir de situações reais e compreender aquelas já enunciadas; Desenvolver modelos explicativos para sistemas tecnológicos e naturais; Utilizar instrumentos de medição e de cálculo; Procurar e sistematizar informações relevantes para a compreensão da situação-problema; Formular hipóteses e prever resultados; Elaborar estratégias de enfrentamento das questões. Interpretar e criticar resultados a partir de experimentos e demonstrações; Articular o conhecimento científico e tecnológico numa perspectiva interdisciplinar; Entender e aplicar métodos e procedimentos próprios das Ciências Naturais; Compreender o caráter aleatório e não determinístico dos fenômenos naturais e sociais e utilizar instrumentos adequados para medidas, determinação de amostras e cálculo de probabilidades; Fazer uso dos conhecimentos da Física, da Química e da Biologia para explicar o mundo natural e para planejar, executar e avaliar intervenções práticas; Aplicar as tecnologias associadas às Ciências Naturais na escola, no trabalho e em outros contextos relevantes para sua vida.

Contextualização sociocultural	Compreender e utilizar a ciência, como elemento de interpretação e intervenção, e a tecnologia como conhecimento sistemático de sentido prático.
Utilizar elementos e conhecimentos científicos e tecnológicos para diagnosticar e equacionar questões sociais e ambientais.
Associar conhecimentos e métodos científicos com a tecnologia do sistema produtivo e dos serviços.
Reconhecer o sentido histórico da ciência e da tecnologia, percebendo seu papel na vida humana em diferentes épocas e na capacidade humana de transformar o meio.
Compreender as ciências como construções humanas, entendendo como elas se desenvolveram por acumulação, continuidade ou ruptura de paradigmas, relacionando o desenvolvimento científico com a transformação da sociedade.
Entender a relação entre o desenvolvimento de Ciências Naturais e o desenvolvimento tecnológico e associar as diferentes tecnologias aos problemas que se propuseram e se propuseram a solucionar.
Entender o impacto das tecnologias associadas às Ciências Naturais, na sua vida pessoal, nos processos de produção, no desenvolvimento do conhecimento e na vida social.

Fonte: Secretaria do Estado da Educação, 2016

Quadro 8 – Competências e Habilidades a serem desenvolvidas em BIOLOGIA

Representação e Comunicação	Descrever processos e características do ambiente ou de seres vivos, observados em microscópio ou a olho nu;
Perceber e utilizar os códigos intrínsecos da Biologia.
Apresentar suposições e hipóteses acerca dos fenômenos biológicos em estudo;
Apresentar, de forma organizada, o conhecimento biológico apreendido, através de textos, desenhos, esquemas, gráficos, tabelas, maquetes etc.;
Conhecer diferentes formas de obter informações (observação, experimento, leitura de texto e imagem, entrevista), selecionando aquelas pertinentes ao tema biológico em estudo;
Expressar dúvidas, ideias e conclusões acerca dos fenômenos biológicos.

Investigação e Compreensão	Relacionar fenômenos, fatos, processos e ideias em Biologia, elaborando conceitos, identificando regularidades e diferenças, construindo generalizações;
	Utilizar critérios científicos para realizar classificações de animais, vegetais etc.;
	Relacionar os diversos conteúdos conceituais de Biologia (lógica interna) na compreensão de fenômenos;
	Estabelecer relações entre parte e todo de um fenômeno ou processo biológico;
	Selecionar e utilizar metodologias científicas adequadas para a resolução de problemas, fazendo uso, quando for o caso, de tratamento estatístico na análise de dados coletados;
	Formular questões, diagnósticos e propor soluções para problemas apresentados, utilizando elementos da Biologia;
	Utilizar noções e conceitos da Biologia em novas situações de aprendizado (existencial ou escolar);
	Relacionar o conhecimento das diversas disciplinas para o entendimento de fatos ou processos biológicos (lógica externa).
Contextualização sociocultural	Reconhecer a Biologia como um fazer humano e, portanto, histórico, fruto da conjunção de fatores sociais, políticos, econômicos, culturais, religiosos e tecnológicos.
	Identificar a interferência de aspectos místicos e culturais nos conhecimentos do senso comum relacionados a aspectos biológicos.
	Reconhecer o ser humano como agente e paciente de transformações intencionais por ele produzidas no seu ambiente.
	Julgar ações de intervenção, identificando aquelas que visam à preservação e à implementação da saúde individual, coletiva e do ambiente.
	Identificar as relações entre o conhecimento científico e o desenvolvimento tecnológico, considerando a preservação da vida, as condições de vida e as concepções de desenvolvimento sustentável.

Fonte: Secretaria do Estado da Educação, 2016

Quadro 9 – Competências e Habilidades a serem desenvolvidas em FÍSICA

Representação e Comunicação	Compreender enunciados que envolvam códigos e símbolos físicos;
	Compreender manuais de instalação e utilização de aparelhos;
	Utilizar e compreender tabelas, gráficos e relações matemáticas gráficas para a expressão do saber físico;
	Ser capaz de discriminar e traduzir as linguagens matemática e discursiva entre si;
	Expressar-se corretamente utilizando a linguagem física adequada e elementos de sua representação simbólica;
	Apresentar de forma clara e objetiva o conhecimento apreendido, através de tal linguagem;
	Conhecer fontes de informações e formas de obter informações relevantes, sabendo interpretar notícias científicas;
	Elaborar sínteses ou esquemas estruturados dos temas físicos trabalhados.
Investigação e Compreensão	Desenvolver a capacidade de investigação física.
	Classificar, organizar, sistematizar;
	Identificar regularidades;
	Observar, estimar ordens de grandeza, compreender o conceito de medir, fazer hipóteses, testar;
	Conhecer e utilizar conceitos físicos;
	Relacionar grandezas, quantificar, identificar parâmetros relevantes. Compreender e utilizar leis e teorias físicas;
	Compreender a Física presente no mundo vivencial e nos equipamentos e procedimentos tecnológicos;
	Descobrir o "como funciona" de aparelhos;
	Construir e investigar situações-problema, identificar a situação física, utilizar modelos físicos, generalizar de uma a outra situação, prever, avaliar, analisar previsões;
	Articular o conhecimento físico com conhecimentos de outras áreas do saber científico.

Contextualização sociocultural	Reconhecer a Física enquanto construção humana, aspectos de sua história e relações com o contexto cultural, social, político e econômico.
	Reconhecer o papel da Física no sistema produtivo, compreendendo a evolução dos meios tecnológicos e sua relação dinâmica com a evolução do conhecimento científico.
	Dimensionar a capacidade crescente do homem propiciada pela tecnologia.
	Estabelecer relações entre o conhecimento físico e outras formas de expressão da cultura humana.
	Ser capaz de emitir juízos de valor em relação a situações sociais que envolvam aspectos físicos e/ou tecnológicos relevantes.

Fonte: Secretaria do Estado da Educação, 2016

Quadro 10 – Competências e Habilidades a serem desenvolvidas em QUÍMICA

Representação e Comunicação	Descrever as transformações químicas em linguagens discursivas;
	Compreender os códigos e símbolos próprios da Química atual;
	Traduzir a linguagem discursiva em linguagem simbólica da Química e vice-versa;
	Utilizar a representação simbólica das transformações químicas e reconhecer suas modificações ao longo do tempo;
	Traduzir a linguagem discursiva em outras linguagens usadas em Química: gráficos, tabelas e relações matemáticas;
	Identificar fontes de informação e formas de obter informações relevantes para o conhecimento da Química (livro, computador, jornais, manuais etc.).
Investigação e Compreensão	Compreender e utilizar conceitos químicos dentro de uma visão macroscópica (lógico-empírica);
	Compreender os fatos químicos dentro de uma visão macroscópica (lógico-formal);
	Compreender dados quantitativos, estimativa e medidas, compreender relações proporcionais presentes na Química (raciocínio proporcional);
	Reconhecer tendências e relações a partir de dados experimentais ou outros (classificação, seriação e correspondência em Química);
	Selecionar e utilizar ideias e procedimentos científicos (leis, teorias, modelos) para a resolução de problemas qualitativos e quantitativos em Química, identificando e acompanhando as variáveis relevantes;
	Reconhecer ou propor a investigação de um problema relacionado à Química, selecionando procedimentos experimentais pertinentes;
	Desenvolver conexões hipotético-lógicas que possibilitem previsões acerca das transformações químicas.

Contextualização sociocultural	Reconhecer aspectos químicos relevantes na interação individual e coletiva do ser humano com o ambiente; Reconhecer o papel da Química no sistema produtivo, industrial e rural; Reconhecer as relações entre o desenvolvimento científico e tecnológico da Química e aspectos sócio político-culturais; Reconhecer os limites éticos e morais que podem estar envolvidos no desenvolvimento da Química e da tecnologia.

Fonte: Secretaria do Estado da Educação, 2016

Quadro 11 – Área CIÊNCIAS HUMANAS

Representação e Comunicação	Entender a importância das tecnologias contemporâneas de comunicação e informação para planejamento, gestão, organização e fortalecimento do trabalho de equipe.
Investigação e Compreensão	Compreender os elementos cognitivos, afetivos, sociais e culturais que constituem a identidade própria e a dos outros; Compreender a sociedade, sua gênese e transformação, e os múltiplos fatores que nela intervêm, como produtos da ação humana; a si mesmo como agente social; e os processos sociais como orientadores da dinâmica dos diferentes grupos de indivíduos; Entender os princípios das tecnologias associadas ao conhecimento do indivíduo, da sociedade e da cultura, entre as quais as de planejamento, organização, gestão, trabalho de equipe, e associá-las aos problemas que se propõem resolver.

Contextualização sociocultural	Compreender o desenvolvimento da sociedade como processo de ocupação de espaços físicos e as relações da vida humana com a paisagem, em seus desdobramentos políticos, culturais, econômicos e humanos;
	Compreender a produção e o papel histórico das instituições sociais, políticas e econômicas, associando-as às práticas dos diferentes grupos e atores sociais, aos princípios que regulam a convivência em sociedade, aos direitos e deveres da cidadania, à justiça e à distribuição dos benefícios econômicos;
	Traduzir os conhecimentos sobre a pessoa, a sociedade, a economia, as práticas sociais e culturais em condutas de indagação, análise, problematização e protagonismo diante de situações novas, problemas ou questões da vida pessoal, social, política, econômica e cultural;
	Entender o impacto das tecnologias associadas às Ciências Humanas sobre sua vida pessoal, os processos de produção, o desenvolvimento do conhecimento e a vida social;
	Aplicar as tecnologias das Ciências Humanas e Sociais na escola, no trabalho e em outros contextos relevantes para sua vida.

Fonte: Secretaria do Estado da Educação, 2016

Quadro 12 – História

Representação e Comunicação	Criticar, analisar e interpretar fontes documentais de natureza diversa, reconhecendo o papel das diferentes linguagens, dos diferentes agentes sociais e dos diferentes contextos envolvidos em sua produção;
	Produzir textos analíticos e interpretativos sobre os processos históricos, a partir das categorias e procedimentos próprios do discurso historiográfico.
Investigação e Compreensão	Relativizar as diversas concepções de tempo e as diversas formas de periodização do tempo cronológico, reconhecendo-as como construções culturais e históricas;
	Estabelecer relações entre continuidade/permanência e ruptura/transformação nos processos históricos;
	Construir a identidade pessoal e social na dimensão histórica, a partir do reconhecimento do papel do indivíduo nos processos históricos simultaneamente como sujeito e como produto dos mesmos;
	Atuar sobre os processos de construção da memória social, partindo da crítica dos diversos "lugares de memória" socialmente instituídos.

Contextualização sociocultural	Situar as diversas produções da cultura - as linguagens, as artes, a filosofia, a religião, as ciências, as tecnologias e outras manifestações sociais - nos contextos históricos de sua constituição e significação; Situar os momentos históricos nos diversos ritmos da duração e nas relações de sucessão e/ou de simultaneidade; Comparar problemáticas atuais e de outros momentos históricos. Posicionar-se diante de fatos presentes a partir da interpretação de suas relações com o passado.

Fonte: Secretaria do Estado da Educação, 2016

Quadro 13 – Geografia

Representação e Comunicação	Ler, analisar e interpretar os códigos específicos da Geografia (mapas, gráficos, tabelas etc.), considerando-os como elementos de representação de fatos e fenômenos espaciais e/ou especializados; Reconhecer e aplicar o uso das escalas cartográfica e geográfica, como formas de organizar e conhecer a localização, distribuição e frequência dos fenômenos naturais e humanos.
Investigação e Compreensão	Reconhecer os fenômenos espaciais a partir da seleção, comparação e interpretação, identificando as singularidades ou generalidades de cada lugar, paisagem ou território. Selecionar e elaborar esquemas de investigação que desenvolvam a observação dos processos deformação e transformação dos territórios, tendo em vista as relações de trabalho, a incorporação de técnicas e tecnologias e o estabelecimento de redes sociais. Analisar e comparar, interdisciplinarmente, as relações entre preservação e degradação da vida no planeta, tendo em vista o conhecimento da sua dinâmica e a mundialização dos fenômenos culturais, econômicos, tecnológicos e políticos que incidem sobre a natureza, nas diferentes escalas - local, regional, nacional e global.

Contextualização sociocultural	Reconhecer, na aparência das formas visíveis e concretas do espaço geográfico atual, a sua essência, ou seja, os processos históricos, construídos em diferentes tempos, e os processos contemporâneos, conjunto de práticas dos diferentes agentes, que resultam em profundas mudanças na organização e no conteúdo do espaço; Compreender e aplicar no cotidiano os conceitos básicos da Geografia; Identificar, analisar e avaliar o impacto das transformações naturais, sociais, econômicas, culturais e políticas no seu "lugar-mundo", comparando, analisando e sintetizando a densidade das relações e transformações que tornam concreta e vivida a realidade.

Fonte: Secretaria do Estado da Educação, 2016

Quadro 14 – Sociologia

Representação e Comunicação	Identificar, analisar e comparar os diferentes discursos sobre a realidade: as explicações das Ciências Sociais, amparadas nos vários paradigmas teóricos, e as do senso comum; Produzir novos discursos sobre as diferentes realidades sociais, a partir das observações e reflexões realizadas
Investigação e Compreensão	Construir instrumentos para uma melhor compreensão da vida cotidiana, ampliando a "visão de mundo" e o "horizonte de expectativas", nas relações interpessoais com os vários grupos sociais; Construir uma visão mais crítica da indústria cultural e dos meios de comunicação de massa, avaliando o papel ideológico do "marketing" enquanto estratégia de persuasão do consumidor e do próprio eleitor; Compreender e valorizar as diferentes manifestações culturais de etnias e segmentos sociais, agindo de modo a preservar o direito à diversidade, enquanto princípio estético, político e ético que supera conflitos e tensões do mundo atual.
Contextualização sociocultural	Compreender as transformações no mundo do trabalho e o novo perfil de qualificação exigida, gerados por mudanças na ordem econômica; Construir a identidade social e política, de modo a viabilizar o exercício da cidadania plena, no contexto do Estado de Direito, atuando para que haja, efetivamente, uma reciprocidade de direitos e deveres entre o poder público e o cidadão e também entre os diferentes grupos.

Fonte: Secretaria do Estado da Educação, 2016

Quadro 15 – Filosofia

Representação e Comunicação	Ler textos filosóficos de modo significativo; Ler, de modo filosófico, textos de diferentes estruturas e registros; Elaborar por escrito o que foi apropriado de modo reflexivo. Debater, tomando uma posição, defendendo-a argumentativamente e mudando de posição face a argumentos mais consistentes.
Investigação e Compreensão	Articular conhecimentos filosóficos e diferentes conteúdos e modos discursivos nas Ciências Naturais e Humanas, nas Artes e em outras produções culturais.
Contextualização sociocultural	Contextualizar conhecimentos filosóficos, tanto no plano de sua origem específica, quanto em outros planos: o pessoal-biográfico; o entorno sócio-político, histórico e cultural; o horizonte da sociedade científico-tecnológica.

Fonte: Secretaria do Estado da Educação, 2016

METODOLOGIA

A Mediação Tecnológica consiste em ação institucional necessária para cumprir o preceito constitucional que determina a obrigatoriedade de gradativa universalização do ensino.

As aulas são produzidas por professores especialistas habilitados nos diversos componentes curriculares (estatutários e lotados no município de Porto Velho) e transformadas em peças televisivas por uma central de produção educativa para TV (equipe multiprofissional) com a utilização de recursos midiáticos de comunicação e transmitida, preferencialmente, ao vivo, em tempo real, diariamente, para todas as salas de aula, simultaneamente, em horário regular. Podendo ser gravadas e transmitidas posteriormente, salvaguarda situações de reposição de aulas, e demais situações específicas das escolas, que comprometam temporariamente a transmissão satelital ou por demanda assíncrona baseada na pedagogia da alternância.

Os componentes curriculares são dispostos em áreas de conhecimento, oportunizando ao estudante adquirir as Competências e Habilidades necessárias ao seu cotidiano. Conforme previsão legal, a organização curricular do ensino médio tem uma Base Nacional Comum e uma parte diversificada que não devem constituir um todo integrado, que garanta conhecimentos e saberes comuns necessários a todos os estudantes, bem como uma formação que considere a diversidade e as características locais e especificidades regionais.

As aulas dos componentes curriculares são transmitidas preferencialmente via satélite e veiculadas, especialmente, em tempo real, podendo ser gravadas, visto que em muitas localidades, por fatores geográficos, o sinal de satélite e de internet é ineficiente.

As aulas são planejadas e proferidas pelos professores ministrantes do estúdio de TV alocado em Porto Velho, em local especificado pela Seduc/RO, as quais o estudante assiste na sala de aula interativa da escola de sua comunidade, orientado por um professor presente em sala de aula, chamado de "professor presencial".

O estudante pode interagir, intermediado por seu professor presencial, com o professor ministrante por meio de *chat*, *web chat sap* e plantão tira-dúvidas, que objetiva resultar um diálogo que possa garantir comunicação entre os participantes do processo de ensino e aprendizagem. Independentemente da distância física em um processo enriquecido pelo expressivo quantitativo de estudantes, em todo o estado de Rondônia.

A metodologia da Mediação Tecnológica busca valorizar as vivências e os conhecimentos prévios dos estudantes com suas críticas reflexivas, fundamentando os debates posteriores e a tomada de consciência do quanto se pode produzir intelectualmente ao otimizar-se o tempo destinado às dinâmicas locais, que são os momentos destinados às atividades extraclasse que ocorrem de forma assíncrona. Sendo essas propostas pelos professores ministrantes (de estúdio), mas que são orientadas junto ao professor presencial com os estudantes e posterior retorno aos coordenadores pedagógicos e professores ministrantes.

Uma questão interessante e que vale ressaltar aqui é o componente Curricular de Educação Física. Visto que havia questionamentos de como esse poderia ocorrer mediado por tecnologia. Pois bem, esse componente tem a parte teórica ministrada pelos professores ministrantes em estúdio e a parte prática ministrada pelo profissional habilitado em cada escola. Cabendo à Coordenadoria Regional de Educação (CRE) disponibilizar o professor habilitado em Educação Física para atender às aulas práticas de acordo com o cronograma das aulas elaborado pela coordenadoria pedagógica da Mediação Tecnológica.

A carga horária total de 2.628 horas do ensino médio Regular é distribuída em três anos, atendendo às comunidades rurais e, excepcionalmente, a área urbana nos municípios do estado que apresentam demasiado déficit de professores habilitados, utilizando a metodologia de aulas presenciais com veiculação de conteúdo programático, por componente curricular de cada ano escolar, por meio de transmissão via satélite, incluindo acesso simultâneo ao *chat* via *internet*, sendo obrigatória a presença dos estudantes em sala de aula em, no mínimo, 75% das aulas dadas.

RECURSOS HUMANOS

A Mediação Tecnológica de Rondônia tem uma proposta pedagógica que versa sobre a estrutura curricular composta de Base Nacional Comum Curricular e parte diversificada adequada para as peculiaridades das comunidades do campo no estado de Rondônia, proporcionando aos concluintes do Ensino Fundamental a continuidade dos estudos, como direito assegurado a todo cidadão.

Até a elaboração desta obra a equipe da Mediação Tecnológica é formada por profissionais concursados e efetivos da rede estadual de educação, sendo eles: professor presencial, professor ministrante de estúdio, intérprete de libras, chefe de núcleo do Proinfo, coordenador pedagógico, coordenador pedagógico de estúdio, supervisor da escola-sede, coordenador da CRE, gerente da Mediação Tecnológica/DGE/Seduc.

Professor ministrante

Os professores ministrantes são docentes habilitados por áreas de conhecimento da educação básica, especialistas, mestres e doutores em suas especificidades e integram o quadro de funcionários estatutários da Seduc/RO. Em dupla, eles elaboram os planos instrucionais — plano didático, pedagógico, curricular, cronograma de sequência de aula, plano instrucional de atividades extraclasse, plano instrucional de estudo de recuperação, plano das aulas, atividades de sala, avaliações parciais (primeira e segunda chamada), avaliações de recuperação e exame final e seus respectivos gabaritos —, bem como ministram as aulas no estúdio de transmissão ao vivo, via satélite e/ou internet de forma modular, interagindo com o estudante por meio de *chat*, em tempo real, orientando o professor presencial.

Atribuições do professor ministrante de estúdio

- Planejar as aulas segundo as especificidades do estúdio considerando: tempo, dinâmica audiovisual, conteúdo e didática.
- Elaborar e postar no ambiente virtual de produção no prazo estabelecido os planos de operacionalização do componente curricular: plano didático-pedagógico curricular, cronograma de sequência de aula, plano instrucional de atividades extraclasse, plano instrucional de estudo de recuperação, plano das aulas, atividades de sala, avaliações parciais (primeira e segunda chamada), avaliações de recuperação e exames finais e seus respectivos gabaritos, com as especificidades peculiares do ensino mediado com tecnologia.
- Assinar os instrumentais após o processo de correção.
- Cumprir cronograma de prazos de atividades: planejamento, elaboração e entrega dos instrumentais correspondentes ao fluxograma.
- Orientar os professores presenciais quanto às atividades de sala de aula.
- Ministrar as aulas, no estúdio para transmissão em tempo real, via satélite.

- Orientar os professores presenciais por meio de chat para dirimir dúvidas do componente curricular ministrado.
- Elaborar ementa específica em consonância com os parâmetros curriculares nacionais, matriz do Ensino Médio considerando as peculiaridades das comunidades atendidas pelo Projeto de Ensino Médio com Mediação Tecnológica.
- Elaborar planos e dinâmicas para as gravações de chamadas externas.
- Elaborar Plano de Estudo para realização dos estudos de recuperação paralela, atividades extraclasse e exames finais, considerando as particularidades das comunidades indígenas, ribeirinhas, quilombolas e do campo, dentro do formato modular mediado pelas tecnologias.
- Comparecer a eventos de formação de professores presenciais.
- Elaborar dinâmicas locais interativas.
- Participar de treinamento para estúdio.
- Participar da formação quanto à operacionalização específica do *chat*.
- Participar nas avaliações didático-pedagógicas.
- Responder em até um dia o requerimento oriundo da CRE sobre revisão de avaliações e encaminhar à coordenação da Seduc.
- Solucionar eventuais problemas relacionados ao seu componente curricular.
- Elaborar relatório de desenvolvimento das atividades cinco dias após o cumprimento do módulo.
- Preencher instrumentais de avaliação institucional.

Professor presencial

Em cada turma há um professor presencial, com formação mínima em curso superior de graduação em Pedagogia ou em estudos a esses correspondentes, acompanhando as aulas, esclarecendo dúvidas suscitadas, em tempo real, com os professores do estúdio, por meio do *chat*, *WhatsApp* e via e-mail.

Sob a orientação dos professores ministrantes, os professores presenciais fazem a aplicação e correção das avaliações dos componentes curriculares ministrados, de acordo com o gabarito elaborado pelos professores ministrantes e enviado pela coordenação pedagógica.

Coordenação pedagógica

Contemplando os Parâmetros Curriculares Nacionais, a coordenação pedagógica sediada em Porto Velho/Seduc fornece a proposta curricular dos componentes curriculares pertinentes a cada ano escolar aos professores ministrantes, responsáveis e produtores dos conteúdos das aulas e do material pedagógico de apoio, como: textos complementares e instrumentais das aulas (plano didático-pedagógico, cronograma de aulas, plano da aula, plano de atividades extraclasse, plano de recuperação paralela, atividades, avaliações de 1º e 2º chamada, avaliações de recuperação, avaliações de retenção e de progressão parcial) para acompanhamento dos conteúdos curriculares.

Todo material elaborado é antecipadamente entregue à coordenação pedagógica, que o destina aos coordenadores pedagógicos das Coordenadorias Regionais, que, na sequência, envia-o aos professores presenciais e respectivos estudantes, favorecendo o entendimento e sincronização das informações, no processo de ensino e aprendizagem.

O acompanhamento pedagógico dá-se durante todo o período do Ensino Presencial por Mediação Tecnológica, intensificando-se no período letivo, sendo desenvolvido de forma corretiva (identificando as dificuldades, estudando e buscando soluções); preventiva (detectando problemas para evitá-los); construtiva (estimulando o desenvolvimento pessoal e profissional do educador em vista aos problemas).

A coordenação técnico-pedagógica da Seduc realiza frequentes visitas às escolas, trabalhando em conjunto com os Coordenadores da Mediação Tecnológica das Coordenadorias Regionais de Educação (CREs) e com os diretores e supervisores das escolas-sede dos municípios, às quais são anexadas as salas e o professor presencial, para garantir êxito, proporcionando condições para que os estudantes alcancem autonomia na construção do conhecimento, por meio de Competências e Habilidades.

Coordenador pedagógico da Mediação Tecnológica

O coordenador pedagógico da Mediação Tecnológica na Seduc necessita, no mínimo, ter: formação superior, experiência em supervisão escolar e dominar recursos tecnológicos.

Atribuições do coordenador da Mediação Tecnológica/Seduc

- Acompanhar o planejamento dos professores ministrantes observando a carga horária assegurada para o ensino por Mediação Tecnológica em conjunto com a Coordenação Pedagógica de Estúdio.
- Realizar reuniões pedagógicas para discutir as dificuldades procurando promover ações que viabilizem a eficácia.
- Providenciar formação continuada aos professores ministrantes.
- Analisar dados gerais incluindo os resultados obtidos pelos estudantes mediante relatórios recebidos.
- Acompanhar e monitorar o trabalho do coordenador da Mediação Tecnológica na CRE.
- Garantir o cumprimento da matriz curricular.
- Encaminhar ao professor ministrante o requerimento oriundo da CRE sobre revisão de avaliações.
- Encaminhar ao coordenador da medicação na CRE a resposta oriunda do professor ministrante quanto à revisão de avaliações.
- Encaminhar os planos de operacionalização finalizados: plano didático-pedagógico curricular, cronograma de sequência de aula, plano instrucional de atividades extraclasse, plano instrucional de estudo de recuperação, plano das aulas, atividades de sala, avaliações parciais (primeira e segunda cha-

mada), prova de recuperação e exame final e seus respectivos gabaritos e cartões-resposta para os coordenadores das CRE.
- Imprimir todos os planos de operacionalização e colher as assinaturas dos professores ministrantes e arquivá-los por componente.
- Elaborar e encaminhar relatório sucinto à diretoria de educação/Seduc ao final de cada ano escolar com base nos relatórios recebidos.

Professor presencial

O professor presencial deve ser graduado preferencialmente em Pedagogia e/ou licenciatura; ter disponibilidade para as mudanças e para as novas formas de ensinar e de aprender; trabalhar com as comunidades do campo; ser comprometido e responsável; ser criativo; ter liderança; dispor de tempo para participar das reuniões de orientações pedagógicas.

Atribuições do professor presencial

- Acompanhar o processo de regência das aulas mediado pelo uso das tecnologias.
- Orientar os estudantes nas atividades de salas de aula.
- Controlar a frequência dos estudantes.
- Transmitir por meio de *chat* as dúvidas dos estudantes para os professores ministrantes.
- Aplicar e corrigir as avaliações dos estudantes.
- Arquivar os cartões-resposta das avaliações dos estudantes na secretaria da escola-sede.
- Preencher requerimento solicitando revisão de avaliações caso haja divergência e/ou dúvidas em questões após as avaliações e encaminhar ao coordenador da Mediação Tecnológica na CRE.

- Corrigir todas as avaliações dos componentes curriculares ministrados, de acordo com o gabarito enviado pelo professor ministrante.
- Acompanhar o desenvolvimento das atividades extraclasse realizadas pelos estudantes.
- Identificar os estudantes com dificuldade de aprendizagem que necessitam de recuperação em instrumental próprio.
- Encaminhar o instrumental de necessidade de recuperação ao professor ministrante para elaboração do plano de estudo.
- Elaborar e encaminhar relatório sucinto à coordenação pedagógica ao final de cada componente curricular do curso.
- Planejamento da execução dos planos de estudo.
- Executar o plano instrucional de estudo para realização de recuperação paralela, atividades extraclasse e exames finais, considerando as particularidades das comunidades indígenas, ribeirinhas, quilombolas e do campo, dentro do formato modular mediado pelas tecnologias.
- Conhecer antecipadamente os planos didático-pedagógicos curriculares, o cronograma de sequência das aulas, planos didáticos curriculares, o cronograma de sequência das aulas, plano instrucional de recuperação de atividades extraclasse e as aulas.
- Participar das formações continuadas promovidas pelas CRE e Seduc.
- Lançar as notas, conteúdos e frequência dos estudantes no sistema do diário eletrônico da Seduc.
- Solucionar eventuais problemas relacionados ao curso.
- Preencher instrumentais de avaliação institucional do Projeto de Ensino Médio com Mediação Tecnológica, quando solicitado.

Intérprete de libras

O intérprete de libras deve ter: certificação do Prolibras/MEC e ter experiência em libras.

Atribuições intérprete de libras

- Interpretar em Língua Brasileira de Sinais (libras) — Língua Portuguesa as atividades didático-pedagógicas e culturais desenvolvidas no projeto de Mediação Tecnológica, de forma a viabilizar o acesso aos conteúdos curriculares, em tempo real, via satélite.
- Acompanhar o planejamento do professor ministrante.
- Adaptar as aulas em libras segundo as especificidades do estúdio considerando: tempo, dinâmica, audiovisual, conteúdo e didática.
- Comparecer a eventos de formação de professores presenciais.
- Participar de treinamentos para estúdio.
- Participar da avaliação institucional do Projeto de Ensino Médio com Mediação Tecnológica.
- Elaborar glossário em libras para os componentes curriculares no formato impresso.
- Realizar gravação de vídeos como material complementar.
- Participar de sessões de estudo para troca de experiências dos intérpretes.

Coordenador pedagógico de estúdio

O coordenador pedagógico deve ter formação superior; ter experiência em supervisão escolar; e dominar o uso de recursos tecnológicos.

Atribuições do Coordenador Pedagógico de estúdio

- Acompanhar o planejamento dos professores ministrantes intervindo nas adequações que se fizerem necessárias.
- Elaborar o cronograma de horário das aulas dos módulos no estúdio.

- Orientar o professor ministrante quanto à padronização dos slides utilizados nas aulas.
- Orientar o professor ministrante quanto à utilização do ambiente virtual de aprendizagem (AVA) como recurso de produção de material.
- Orientar aos professores ministrantes quanto à elaboração de todos os instrumentais: plano didático-pedagógico curricular, cronograma de sequência de aula, plano instrucional de atividades extraclasse, plano instrucional de estudo de recuperação, plano das aulas, atividades de sala, avaliações parciais (primeira e segunda chamada), avaliações de recuperação e exame final e seus respectivos gabaritos.
- Verificar se o professor ministrante cumpriu o prazo de elaboração e postagens dos instrumentais no AVA, assim como encaminhar para as etapas seguintes do fluxograma de produção.
- Garantir o cumprimento da matriz curricular constante na portaria.
- Agendar e acompanhar formação de estúdio, aula-teste e reunião de pauta dos professores ministrantes.
- Observar o cumprimento da carga horária das aulas ministradas no estúdio pelo professor ministrante.
- Acompanhar os professores ministrantes no estúdio de transmissão.
- Substituir o professor ministrante responsável pelo *chat* nas transmissões das aulas em caso de ausência circunstancial justificada.
- Disponibilizar as aulas gravadas no canal do YouTube.
- Elaborar relatório de desenvolvimento das atividades e preencher instrumentais de avaliação institucional, quando solicitado.

Supervisor da escola-sede

O supervisor da escola-sede deve ter formação superior; ter experiência em supervisão escolar; dominar o uso de recursos tecnológicos; ser lotado na escola-sede.

Atribuições do supervisor da escola-sede

- Propiciar estratégias pedagógicas para que se efetive a integração dos estudantes e professor presencial da mediação das salas anexas à escola-sede.
- Estabelecer com os demais membros da equipe gestora da escola-sede e coordenação da Mediação na CRE mecanismos que favoreçam o cumprimento de normas vigentes no que se refere ao sistema de avaliação da aprendizagem dos estudantes.
- Dinamizar atividades que propiciem a formação continuada dos professores presenciais. Colaborar no relacionamento escola-comunidade, visando à eficácia do trabalho educativo.
- Acompanhar o desenvolvimento do currículo em entrosamento com a equipe gestora.
- Assegurar, em parceria com os demais membros da equipe gestora, o cumprimento dos dias letivos.
- Acompanhar no sistema do diário eletrônico os conteúdos, notas e frequência dos estudantes.
- Preencher instrumentais de avaliação institucional, quando solicitado.

Coordenador pedagógico da CRE

O coordenador pedagógico deve ter: formação superior; ter experiência em supervisão escolar; dominar recursos tecnológicos; ser lotado na CRE.

Atribuições do coordenador pedagógico da Mediação Tecnológica na CRE

Acompanhar *in loco* assegurando sua viabilidade entre as especificações referentes aos estudantes e localidade das escolas de difícil acesso.

- Identificar os estudantes com necessidades educativas especiais (N.ºE.E.) que necessitem de recursos pedagógicos, tais como: prova ampliada, intérpretes, ledores e demais profissionais de apoio.
- Viabilizar profissional de apoio ao estudante com necessidades educativas especiais, quando necessário.
- Monitorar e acompanhar os resultados obtidos pelos estudantes do ensino médio com Mediação Tecnológica.
- Manter um calendário atualizado de visitas às escolas-sede e extensões com salas de aula com Mediação Tecnológica.
- Garantir o cumprimento da Matriz Curricular constante na portaria.
- Oferecer orientação e assistência ao professor presencial.
- Garantir que as avaliações e plano de estudo cheguem à escola-sede em tempo hábil para serem aplicadas pelo professor presencial.
- Monitorar as escolas-polos para verificar suas reais necessidades (espaço ambiente, recursos técnicos e humanos etc.) e encaminhar à coordenação geral do projeto de Mediação/DGE/Seduc.
- Fornecer ao professor presencial materiais didáticos, quando necessário.
- Encaminhar à coordenação da Seduc o requerimento de solicitação de revisão das avaliações.
- Encaminhar e orientar os planos de operacionalização finalizados: plano didático-pedagógico curricular, cronograma de sequência de aula, plano instrucional de atividades extraclasse, plano instrucional de estudo de recuperação, plano das aulas, atividades de sala, avaliações parciais (primeira e segunda cha-

mada), avaliações de recuperação e exame final e seus respectivos gabaritos e cartões-resposta aos professores presenciais.
- Participar e intervir junto à direção na organização do trabalho pedagógico escolar das salas de Ensino Médio com Mediação Tecnológica.
- Viabilizar formação continuada aos professores.
- Providenciar certificação dos estudantes na conclusão do curso, em conjunto com a escola-sede.
- Encaminhar relatório (pedagógico) sucinto à coordenação do projeto na Seduc ao final de cada componente curricular (módulo) e relatório geral no final de cada ano escolar.
- Preencher instrumentais de avaliação institucional do Projeto de Ensino Médio com Mediação Tecnológica, quando solicitado.

Formação de Recursos Humanos

São promovidos cursos presenciais de formação para capacitação técnica dos profissionais envolvidos na Mediação Tecnológica, quais sejam:

- Professores presenciais.
- Professores ministrantes.
- Coordenadores pedagógicos.

MATERIAL DIDÁTICO

Os estudantes da Mediação Tecnológica são contemplados com todos os benefícios da escola-sede, incluindo o Programa Nacional de Livros Didáticos do Ensino Médio (PNLEM).

Os livros didáticos físicos são fornecidos pela Seduc, assim como o material de apoio produzido pelos professores ministrantes.

Os professores presenciais e estudantes matriculados receberão um *netbook* ou notebook para ser utilizado em suas atividades escolares.

AVALIAÇÃO

A avaliação da Mediação Tecnológica objetiva a aprendizagem estruturando o processo educacional de modo a oportunizar mudanças de pensamento, ações e condutas. Com esse pressuposto, as avaliações são elaboradas com base em questões da teoria da resposta ao item (TRI), metodologia de avaliação usada pelo Ministério da Educação no Exame Nacional do Ensino Médio (Enem) e com base na taxonomia de Bloom, organização hierárquica de objetivos educacionais, que apoia o planejamento didático-pedagógico, a estruturação, a organização, a definição de objetivos instrucionais e a escolha de instrumentos de avaliação.

Para efeito de aprovação e promoção é exigida a nota final mínima de 6,0 (seis), em cada componente curricular, com registro dos resultados em inteiros ou meios.

Os Componentes Curriculares de Arte e Educação Física da Base Nacional Comum Curricular e os da Parte Diversificada não serão objeto de retenção do estudante no ano escolar, por rendimento escolar.

É aprovado no final de cada ano letivo o estudante que obtiver nota igual ou superior a 6,0 (seis) em cada componente curricular e frequência mínima de 75% do total das horas anuais.

É considerado retido o estudante que:

I. Não atingir 75% de frequência do total das horas anuais do ano escolar, mesmo que obtenha resultados satisfatórios nos componentes curriculares;

II. Quando apresentar nota final inferior a 6,0 (seis) no componente curricular.

As avaliações dos estudantes são realizadas da seguinte forma:

a. Nos componentes curriculares com carga horária de 90, 80 e 72 horas são realizadas 3 (três) avaliações parciais, sendo a primeira realizada após 30%, a segunda após 60%, e a 3º no final de 100% da carga horária do componente curricular, atribuindo-se o valor de 0,0 a 2,5 para a 1ª, 2ª e 3ª avaliação respectivamente, somado à nota 2,0 (dois) pontos das atividades extraclasse e 0,5 (meio) ponto dos exercícios em sala, obtendo-se na soma final 0,0 (zero) a 10,0 (dez);

b. Nos componentes curriculares com carga horária de 40 a 32 horas são realizadas 2 (duas) avaliações parciais, sendo a primeira realizada após 50% e a segunda após os 50% restantes da carga horária do componente curricular, atribuindo-se o valor de 0,0 a 4,0 na primeira avaliação, e 0,0 a 4,0 na segunda avaliação, somadas à nota 1,5 (um e meio) ponto das atividades extraclasse 0,5 (meio) ponto dos exercícios realizados em sala, obtendo-se na soma final o total de 0 (zero) a 10,0(dez).

Recuperação paralela e exame final

Ao estudante que não alcançar 60% da nota mínima de cada avaliação parcial em qualquer componente curricular são ofertados estudos de recuperação paralela.

A recuperação paralela é realizada pelo professor presencial de forma contínua no horário regular e no horário oposto, duas vezes por semana, de acordo com o plano de estudos. Cumprido o plano de estudo haverá substituição de nota da recuperação paralela se superior à anteriormente alcançada pelo estudante.

Após os estudos de recuperação paralela, ao estudante que ficar retido são ofertados exames finais no final do ano escolar, devendo obter a nota mínima 5,0 (cinco) para sua promoção.

Não há limite de componente curricular para o estudante ser submetido aos exames finais.

Regime de progressão parcial e retenção parcial

As escolas com a Mediação Tecnológica ofertam o regime de progressão parcial e retenção parcial nos componentes curriculares aos estudantes que dela necessitem, que está fundamentada na Portaria n.º 940/2018/Seduc-NNTE Porto Velho, de 6 de março de 2018.

> Artigo 1º Estabelecer normas para operacionalização da Progressão Parcial e Retenção Parcial nas escolas da rede pública estadual de ensino.
>
> § 1º Entende-se por Progressão Parcial o Regime de oferta educacional em que o estudante poderá cursar o ano escolar subsequente, mesmo não tendo sido aprovado no ano escolar anterior.
>
> § 2º Entende-se por Retenção Parcial o Regime de matrícula destinado ao estudante retido no terceiro ano da etapa ensino médio regular e Educação de Jovens e Adultos - EJA, para cursar no ano letivo posterior apenas os componentes curriculares em que não obteve aprovação.
>
> Artigo 2º Todas as escolas da rede pública estadual de ensino deverão ofertar Progressão Parcial e Retenção Parcial nos componentes curriculares da Base Nacional Comum, a estudantes que delas necessitem. (SEDUC, 2018, s/p).

Destacando que a progressão parcial visa atender estudantes retidos do 1º ao 2º ano em até 3 (três) componentes curriculares da Base Nacional Comum por insuficiência de aproveitamento.

TRANSFERÊNCIA

Essa é uma questão sempre em voga e que gera dúvidas em muitos. Afinal: pode haver transferência do estudante da Mediação Tecnológica para o ensino regular e do regular para a Mediação Tecnológica?

A resposta é sim!

Ao estudante transferido no decorrer da execução será expedido pela escola-sede o histórico escolar acompanhado da ficha individual.

A escola recipiendária em ambos os casos deve analisar a documentação do estudante verificando a necessidade de adaptação de estudos, conforme disposto na legislação específica vigente.

ESCRITURAÇÃO ESCOLAR

A escola estadual que oferece o ensino médio, denominada escola-sede, é a responsável pela matrícula e expedição de documentos dos estudantes da Mediação Tecnológica que assistem às aulas na escola estadual ou municipal (polo), aqui denominada sala anexa da escola-sede.

CERTIFICAÇÃO

O certificado de conclusão da Mediação Tecnológica é expedido pela escola-sede estadual, sob a chancela da Coordenadoria Regional de Educação (CRE) e Gerência de Controle, Avaliação e Estatística da Secretaria de Estado da Educação (GCAE/Seduc).

EQUIPAMENTOS

Recursos materiais e tecnológicos

A Mediação Tecnológica integra os referenciais clássicos de educação às novas tecnologias e aos meios de telecomunicação, colocando-os a serviço de uma proposta educativa inovadora. No entanto, para atingir os estudantes, em especial das comunidades do campo em municípios entrecortados por rios e florestas, dadas as características geográficas peculiares do Estado de Rondônia, cuja área atinge mais de duzentos mil quilômetros quadrados, é necessária uma solução tecnológica integrada, uma rede de comunicação multisserviços capaz de romper o conceito de separação física entre estudante e professor, aproximando-os pela integração virtual, mediada pela tecnologia de comunicações e por sistemas interativos. Recursos amparados por uma excelência na conceituação, formatação e produção de conteúdos programáticos em padrão compatível com os meios adotados.

Com relação à matriz curricular, até a presente data, desde a implantação em 2016, a Mediação Tecnológica já tem três matrizes curriculares.

A primeira matriz curricular da Mediação Tecnológica foi instituída em 2016 pela Portaria n.º 680/2016-GAB/Seduc, de 8 de março de 2016.

Indicadores

Dias letivos anuais: 200
Dias letivos semanais: 5
Carga horária anual:

- 1º ano: 760h presencial e 80h de atividades extraclasse.
- 2º ano: 674h presencial e 160h de atividades extraclasse.
- 3º ano: 754h e 80 de atividades extraclasse.

A primeira matriz curricular da Mediação Tecnológica foi instituída em 2018 pela Portaria n.º 1.652, de 9 de março de 2021.

> Artigo 1º. Substituir o Anexo I da Portaria 3029/2018/SEDUC- GCME, publicada no DIOF nº 137 do dia 30/07/2018, página 34 a 41, que trata da Matriz Curricular do Projeto Ensino Médio com Mediação Tecnológica, pelo Anexo único desta Portaria. Parágrafo único. A Matriz Curricular constante no Anexo Único desta Portaria iniciou sua implementação no ano letivo de 2020. (SEDUC, 2016, s/p).

Indicadores

Dias letivos anuais: 200
Carga horária anual:

- 1º ano: 880h
- 2º ano: 884h
- 3º ano: 882h

Dias letivos semanais: 5; módulo aula: 40 minutos; módulo semanal: 40 semanas; módulo recreio: 10 minutos
Número de aulas semanais: 30 aulas

Indicadores

Dias letivos anuais: 209 dias

Carga horária anual: 1.000h

Carga horária presencial anual: 808h/ano escolar, sendo 792h de aulas presenciais e 16h de atividades de extensão.

Carga horária anual: 192h/ano escolar

Módulo semanal: 41 semanas

Módulo aula: 40 minutos

Módulo intervalo: 10 minutos

Número de aulas semanais: 36 aulas, sendo:

- Número de aulas presenciais semanais: 30 aulas
- Número de aulas presenciais por dia: 6 aulas
- Número de aulas a distância semanais: 6 aulas
- Número de aulas a distância por dia: 4 dias na semana com 1 aula a distância por dia; e 1 dia na semana com 2 aulas a distância por dia.
- 4 dias na semana com 1 aula a distância por dia e 1 dia na semana com 2 aulas a distância por dia.

Dias letivos semanais: 5 dias

Carga horária diária de aulas presenciais: 4h

Carga horária diária de aulas a distância: 48 min para 1 aula; 96 min para 2 aulas; e 1 dia na semana com 2 aulas a distância por dia;

Dias letivos semanais: 5 dias

Carga horária diária de aulas presenciais: 4h

Carga horária diária de aulas à distância: 48 min para 1 aula; 96 min para 2 aulas;

Memória de cálculo:

792h (aulas presenciais) + 192h (aulas a distância) = 984h de aulas (módulo aula 40min)

984h x 60 (min) / 40 (min) = 1.476 aulas anuais

1.476 aulas anuais / 41 semanas: 36 aulas por semana

4h de aulas por dia = 240 min

240 min / 40 min: 6 aulas por dia

6 aulas por dia x 5 dias: 30 aulas por semana presenciais

36 aulas semanais - 30 aulas presenciais: 6 aulas a distância

6 aulas a distância: 4 dias com 1 aula a distância e 1 dia com 2 aulas a distância.

41 semanas x 5 dias por semana: 205 dias letivos

16h de atividades de extensão presencial / 4 bimestres ou trimestre: 4 bimestres ou trimestre: 4h por bimestre ou trimestre

41 semanas x 5 dias por semana: 205 dias letivos

4 bimestres ou trimestre: 4h por bimestre ou trimestre

(1 dia letivo por bimestre ou trimestre = 4 dias)

(1 dia letivo por bimestre ou trimestre = 4 dias)

(1 dia letivo por bimestre ou trimestre = 4 dias)

205 dias letivos + 4 dias (atividades de extensão: 209 dias letivo)

Matriz curricular para indígenas

Atendimento *in loco* a professores presenciais em 2021

Foram realizados diversos atendimentos *in loco* a coordenadores das regionais e a professores presenciais a partir do mês de junho de 2021. Como pode ser observado no Destacando que as presenciais não haviam retornado, portanto os estudantes não estavam presentes nas escolas, sendo atendidos de forma remota.

Dessa forma, integrantes da equipe administrativa se deslocaram do município de Porto Velho aos diversos municípios de Rondônia para realizarem reuniões de alinhamento para atendimento aos estudantes. Em especial pelo fato de que não era possível reunir todos os professores presenciais em um único encontro, como fora feito em 2016, 2017, 2018 e 2019.

REFERÊNCIAS

BRASIL. **Constituição da República Federativa do Brasil**. Brasília: 5 out. 1988.

BRASIL. Lei n.º 9.394, de 20 de dezembro de 1996. Lei de Diretrizes e Bases da Educação Nacional. **Diário Oficial da União**, Brasília, 24 dez. 1996.

BRASIL, Resolução CNE/CEB nº 2, de 30 de janeiro de 2012. Plano de Fortalecimento e Expansão do Ensino Médio, 2012. **Diário Oficial da União**, Brasília, 2012. Disponível em: https://normativasconselhos.mec.gov.br/normativa/view/CNE_RES_CNECEBN22012.pdf. Acesso em: 25 mar. 2022.

BRASIL. **Ciências da Natureza, matemática e suas tecnologias**. Brasília, DF: MEC/Semtec, 2002.

BRASIL. **Ciências Humanas e suas Tecnologias**. Brasília: MEC/Semtec, 2002.

BRASIL. **Diretrizes Curriculares Nacionais para a Educação das Relações Étnico-Raciais e para o Ensino de História e Cultura Afro-Brasileira e Africana**. Brasília: MEC/Seppir, 2005.

BRASIL. **Diretrizes operacionais para a educação básica nas escolas do campo**. Brasília: MEC/Secad, 2004.

BRASIL. **Linguagens, Códigos e suas tecnologias**. Brasília: MEC/Semtec, 2002.

BRASIL. **Orientações Curriculares do Ensino Médio**. Brasília: MEC; SEB; Departamento de Políticas de Ensino Médio, 2004.

BRASIL. Teoria de resposta ao item avalia habilidade e minimiza o "chute" de candidatos. **MEC**, [S. l.], 2011. Disponível em: http://portal.mec.gov.br/institucional/quem-e-quem/389-noticias/ensino-medio-2092297298/17319-teoria-de-resposta-ao-item-avalia-habilidade-e-minimiza-o-chute. Acesso em: 2 dez. 2019.

FERRAZ, Ana Paula do Carmo Marchet; BELHOT, Renato Vairo. Taxonomia de Bloom: revisão teórica e apresentação das adequações do instrumento para definição de objetivos instrucionais. **Gestão & Produção**, São Carlos, v. 17, n. 2, 2010.

GALHARDI, Antônio Cesar; AZEVEDO, Marília Macorim. Avaliações de aprendizagem: o uso da taxonomia de Bloom. *In*: WORKSHOP DE PÓS-GRADUAÇÃO E PESQUISA DO CENTRO PAULA SOUZA SÃO PAULO. Sistemas produtivos: da inovação à sustentabilidade, 8., 2013. **Anais** [...] VIII workshop de pós-graduação e pesquisa do Centro Paula Souza. São Paulo, 2013.

MELLO, Guiomar Nano de. As Diretrizes Curriculares Nacionais Para o Ensino Médio. Programa de Promoção da Reforma Educativa na América Latina e Caribe, **Revista iberoamericana de educación**, Madrid-Espanha, v. 20, p. 163-173, 1999. Disponível em: https://rieoei.org/RIE/article/view/1045/1990. Acesso em: 10 jun. 2022.

MORIN, Edgar. **Os sete saberes necessários à educação do futuro.** São Paulo: Cortez; Brasília: Unesco, 2000.

PALMADE, Guy. **Os métodos em pedagogia.** Lisboa: Editora Nacional, 1983.

PERRENOUD, Philippe; THURLER, Mônica Gather. **A escola e a mudança**: contributos sociológicos. Lisboa: Escolar, 1994.

PERRENOUD, Philippe. **Avaliação**: da excelência à regulação da aprendizagem – entre duas lógicas. Porto Alegre: Artmed, 1999.

PERRENOUD, Philippe. **Dez novas competências para ensinar.** Porto Alegre: Artmed, 2000.

PERRENOUD, Philippe *et al.* **As competências para ensinar no século XXI** – a formação dos professores e o desafio da avaliação. Porto Alegre: Artmed, 2002.

PIAGET, J. **Seis estudos de psicologia.** Rio de Janeiro: Forense, 1980.

PIMENTA, Selma Garrido; GHEDIN, Evandro (org.). **Professor reflexivo no Brasil**: gênese e crítica de um conceito. 2. ed. São Paulo: Cortez, 2002.

RONDÔNIA. Lei n.º 3.846, de 4 de julho de 2016. **Diário Oficial do Estado de Rondônia**, Porto Velho, 2022. Disponível em: https://diof.ro.gov.br/data/uploads/2016/07/Doe-05_07_2016.pdf. Acesso em: 10 maio 2022.

RONDÔNIA. **Secretaria de Estado da Educação.** 2016. Disponível em: http://www.diario.Seduc.ro.gov.br/. Acesso em: 14 jul. 2022.

SAVIANE, Dermeval. **Pedagogia histórico-crítica** – primeiras aproximações. São Paulo: Cortez; Autores Associados, 1991.

SEDUC – Secretaria Estadual de Educação. **Projeto de Ensino Médio com Mediação Tecnológica**. Porto Velho: Seduc, 2016.

SILVA. M. A. da. **O banco mundial e a política de privatização da educação brasileira**. Campo Grande: [s. n.], 2002. (Série Estudos, n.º 13).

VASCONCELLOS, Celso dos Santos. **Coordenação do trabalho pedagógico**: do projeto político-pedagógico ao cotidiano da sala de aula. 5. ed. São Paulo: Libertad, 2004.

VASCONCELOS. Celso dos Santos. **Planejamento**: projeto de ensino-aprendizagem e projeto político-pedagógico. 13. ed. São Paulo: Libertad, 2006.

5
FORMAÇÃO DE PROFESSORES DA MEDIAÇÃO TECNOLÓGICA

Daniele Braga Brasil
Luciana Dermani

Embora as tecnologias estejam cada vez mais presentes na vida dos estudantes, cotidianamente conectados à internet, sabemos que somente a tecnologia não basta, é necessário criar mecanismos de interação entre docentes, tutores e estudantes. De igual modo, educar para o uso de tecnologias digitais implica ser capaz de decidir quando usar, quais tecnologias usar, como usar, por que usar, inclusive decidir por não usar tecnologias digitais em determinadas situações.

É indiscutível que professores e estudantes pertencem a gerações distintas. Em razão dessa diferença, é necessário fazer adaptações de ambas as partes para que desenvolvam a melhor maneira do uso da inclusão da educação mediada pelas tecnologias sem que isso interfira no desenvolvimento escolar.

A principal intenção é fazer com que o uso da educação mediada pelas tecnologias venha acrescentar novas possibilidades de desenvolvimento pedagógico. O professor pode usar as ferramentas digitais, muitas vezes proibidas em salas de aula, como aliadas do aprendizado. Como exemplificam Bertocchi (2010), o estudante pode pesquisar informações em dicionário on-line ou aplicativos disponíveis, que podem inclusive aumentar a concentração dos alunos com tarefas mais dinâmicas.

Além disso, as atividades desenvolvidas para serem aplicadas em salas de aula virtuais têm seu valor para a aprendizagem quando aplicadas no contexto adequado, especialmente quando se deseja priorizar operações mentais de exploração, memorização ou recuperação de conteúdos com os estudantes, tais como: linguagens de programação, softwares de autoria e aplicativos de edição de textos, de imagens, de áudios, de vídeos, de conteúdos para a internet (BARRETO, 2002). Vale ressaltar que Mendes (2008) define TICs como um conjunto de recursos tecnológicos que, quando integrados entre si, proporcionam a automação e comunicação nos processos existentes nos negócios, no ensino e na pesquisa científica. E segundo Gesser (2012):

> [...] as novas tecnologias trouxeram avanços na área da educação, em especial no Ensino Superior, com metodologias empregadas para se fazer ensino, nas diferentes formas de materialização do currículo, de aquisição ou de acesso às informações para a efetivação da aprendizagem. (GESSER, 2012, p. 12).

O uso das TICs não deve substituir o professor, deve transformar suas tarefas e funções. O uso de tecnologias na educação proporcionou a educação mediada por tecnologia, em que aluno e professor se apropriam de recursos tecnológicos para viabilizar o processo de ensino e aprendizagem. Se o aluno tem acesso à internet, qualquer espaço pode se tornar um ambiente educacional.

A Mediação Tecnológica combina o uso de didáticas do ensino presencial e do EaD, sendo compreendida por Costa (2015) como ensino híbrido. Assim, o ensino se estende para além das paredes de uma sala de aula, porém, em algumas modalidades, não perde a característica do ensino presencial, que é a relação entre professores e alunos e alunos com estudantes.

E como já nos afirmava Caldart (1997), os processos educativos de uma educação devem considerar a diversidade regional, cultural e social, além da necessidade de serem contextualizados e significativos. Para tanto, a formação continuada desses docentes tem a necessidade de ser diferenciada.

São ofertados eventos de formação para professores presenciais para a metodologia do sistema mediado em "Tecnologias da Informação e da Comunicação como Recurso Pedagógico".

- Especificidades dos meios e a convergência das mídias.
- Modelos de comunicação.
- Metodologias ativas.
- Tecnologia midiática.
- Mídias: parceiras do processo pedagógico.
- Ensino presencial mediado.
- Competências do professor diante das mudanças.
- Preparação do ambiente de aula.
- Desenvolvimento da aula.
- Técnicas de dinâmica de grupo.
- Processos de avaliação.
- Funcionamento da plataforma tecnológica.
- Desenho do sistema e funcionamento.

Formação de professores ministrantes

São ofertadas formação para professores ministrantes para a metodologia do sistema mediado e oficinas de atualização técnica.

A formação continuada tem por objetivo o aprimoramento dos processos e materiais a serem produzidos e da didática metodológica a ser empregada nas aulas e nas produções sob demanda (externa).

Conteúdo mínimo do processo de formação continuada para professores ministrantes:

- Retórica com fins para o processo de aprendizagem.
- Didática da imagem.
- Expressão corporal.
- Voz e postura televisiva.

- Vestimenta adequada a videoaulas.
- Ambientes virtuais de aprendizagem.
- Planejamento de etapas de roteirização e produção de aulas.
- Redes sociais na educação.
- Mídias de aprendizagem.
- Realidade virtual.
- Inovações tecnológicas.

Especificações para formações da equipe pedagógica

Os coordenadores pedagógicos da Mediação Tecnológica na Seduc participam das formações oferecidas; os coordenadores pedagógicos das CRE participam da formação oferecida aos professores presenciais. Em seu perfil serão consideradas as habilidades específicas para sua área de atuação:

- O material didático impresso para acompanhamento dos cursos de formação e o material utilizado pelo instrutor (apresentação eletrônica de slides) serão elaborados, reproduzidos e entregues previamente aos participantes.
- Os planos de aula, as ferramentas de gestão acadêmica e controle presencial deverão ser desenvolvidos pela coordenação geral.
- As formações deverão ser realizadas por meio de profissionais com experiência em comunicação, educação e tecnologia da informação.

REFERÊNCIAS

BARRETO, Raquel Goulart. Tecnologia e educação: trabalho e formação docente. **Educ. Soc.**, Campinas, v. 25, n. 89, p. 1181-1201, set./dez. 2004. Disponível em: https://www.scielo.br/j/es/a/6HmDSHGqC5VC3RSNtYWZmWS/?format=pdf&lang=pt. Acesso em: 12 maio 2022.

BERTONCELLO, L. **A utilização das TIC e sua contribuição na educação superior**: uma visão a partir do discurso docente da área de letras. 2010. Disponível em: Acesso em: 8 out. 2022.

CALDARTIGO, Roseli Salete. **Educação em movimento**: formação de educadoras e educadores no MST. Petrópolis: Vozes, 1997.

COSTA, João. Ribeiro. **Atuação do professor presencial no Projeto Ensino Médio Presencial com Mediação Tecnológica no município de Parintins/AM**. 2015. Dissertação (Mestrado em Gestão e Avaliação da Educação Pública) – Programa de Pós-graduação em Gestão e Avaliação da Educação Pública da Universidade Federal de Juiz de Fora, Juiz de Fora, 2015.

GESSER, Verônica. Novas tecnologias e educação superior: Avanços, desdobramentos, Implicações e Limites para a qualidade da aprendizagem. **IE Comunicaciones**: Revista Iberoamericana de Informática Educativa, n. 16, p. 23-31, 2012.

MENDES, A. TIC – **Muita gente está comentando, mas você sabe o que é?** Portal iMaster, mar. 2008. Disponível em: https://www.redalyc.org/pdf/3332/333239878002.pdf. Acesso em: 7 ago. 2022.

6
ENSINO MÉDIO PRESENCIAL COM MEDIAÇÃO TECNOLÓGICA: CURRÍCULO E PRÁTICAS PEDAGÓGICAS

Lidiana da Cruz Pereira
Luciana Dermani

INTRODUÇÃO

A educação é uma arma poderosa e reprodutora dos interesses de classe, pode ser um dos instrumentos importantes de dominação para o bem comum de uma sociedade ou não, ao lado de outra grande ferramenta, a tecnologia digital, tendência atual usada para ofertar o ensino por meio da educação a distância ou mediada com tecnologia, em que a ideia é universalizar o ensino para todos.

A seguir, apresentamos como ocorre o planejamento das aulas do ensino médio presencial com Mediação Tecnológica de escolas públicas às populações que residem em locais de difícil acesso no Estado de Rondônia e como esse ensino atende às demandas dos alunos trabalhadores do campo.

O ensino médio com mediação tecnológica é uma forma de ensino que precisa dialogar com as práticas sociais das comunidades, para que o conhecimento supere as desigualdades sociais tão presentes na sociedade menos favorecida. Assim, cabe questionar o currículo oficial, e as práticas pedagógicas que contemplem o conhecimento engessado, que representa a cultura das classes dominantes. Nesse sentido, o ensino médio Presencial com Mediação

Tecnológica para a Educação do Campo deve ser um instrumento que contribua efetivamente para a melhoria social, intelectual e profissional dos educandos de comunidades tão distintas.

ENSINO MÉDIO COM MEDIAÇÃO TECNOLÓGICA PARA A EDUCAÇÃO DO CAMPO: ESTRUTURA CURRICULAR

Diante das especificidades regionais em Rondônia, a Secretaria Estadual de Educação (Seduc), por meio do ensino médio com Mediação Tecnológica, oferta o ensino básico para as comunidades do campo e localidades de difícil acesso, uma forma emergente para atender às necessidades educacionais. Como política pública educacional, a Secretaria de Educação do Estado de Rondônia propõe fortalecer e expandir o ensino médio como forma de combater a exclusão educacional por meio do investimento prioritário aos jovens provenientes de comunidades rurais, em localidades de difícil acesso e com demanda reprimida. Esse modelo de ensino mediado por tecnologia digital também se propõe à inovação na Educação Básica, por meio de transmissão via satélite **das aulas ao vivo**. Com transmissão em tempo real, as aulas ministradas em estúdio chegavam às salas de aula por meio de sinal via satélite de TV até o ano 2018.

O Emmtec foi implantado pela Lei n.º 3.846, de 4 de julho de 2016 e regulamentado pela Portaria n.º 2.264/2016-GAB/Seduc, em 6 de julho de 2016, do Estado de Rondônia, com o objetivo de promover a educação pautada em valores humanos, sob a ótica de educar para a construção de práticas de cidadania, qualificação para o trabalho, bem como o direito à universalização do ensino, principalmente em localidades de difícil acesso, onde não há todos os profissionais habilitados para atuar nas áreas específicas do ensino médio.

A tabela a seguir demonstra que o projeto vem ofertando essa modalidade de ensino em localidades de difícil acesso e, "excepcionalmente", em escolas urbanas (onde não há profissional da área) nos municípios, distritos e linhas, jurisdicionados das 18 (dezoito) Coordenadorias Regionais de Ensino (CREs) do Estado de Rondônia.

Tabela 1 – Quantitativos de escolas, alunos e turmas de 2016 a 2019

	Quantitativo de Escolas	Quantitativo de Alunos	Quantitativo de Turmas
Ano letivo de 2016	85	1960	86 1º ano
Ano letivo de 2017	124	4.306	134 1º, 2º ano
Ano letivo de 2018	111	5.134	259 1º, 2º e 3º ano
	11	104 (indígenas)	22 1º, 2º e 3º ano
		06 (quilombolas)	
Ano letivo de 2019	111	5653	316 1º, 2º e 3º ano
		14 (quilombolas)	3 1º ano
	11	104 (indígenas)	22 1º, 2º e 3º ano

Fonte: Emmtec e Seduc (2019)

A tabela acima demonstra o quantitativo de estudantes, escolas e turmas desde quando iniciou o projeto. Nesse sentido, desde a sua implantação, em 2016, os dados revelam que o programa se expandiu a cada ano significativamente, bem como a adesão de estudantes em comunidades indígenas e quilombolas. As escolas em que a mediação tecnológica foi implantada são em sua maioria da Educação do Campo e de difícil acesso (comunidades ribeirinhas), assim é necessário que a metodologia pedagógica, currículo, espaço e tempo se diversifiquem, conforme suas especificidades e necessidades locais. O professor ministrante (professor de estúdio) e professor presencial (que atua na comunidade local) das aulas devem ter olhar sensível para ensinar os conteúdos necessários à formação dos estudantes de forma que faça sentido à vida prática local e mais distante, e que esses conhecimentos sejam inter-relacionados ao campo social, cultural e reflexão crítica mais ampla. Nessa dinâmica e sob a orientação dos professores ministrantes, os professores presenciais fazem a aplicação e a correção das atividades extraclasse e das avaliações dos componentes curriculares ministrados, de acordo com o gabarito enviado pelos professores ministrantes.

A matriz curricular do Projeto Ensino Médio com Mediação Tecnológica é composta de 13 (treze) componentes curricular conforme o Ensino Médio regular e LDB (Lei n.º 9.394/1996), artigo 35-A. Mas também a BNCC definirá direitos e objetivos de aprendizagem do ensino médio, conforme diretrizes do Conselho Nacional de Educação.

O projeto contempla em sua Matriz Curricular a oferta do componente NBAZ – Noções Básicas de Agroecologia e Zootecnia, com professores formados na área de atuação. Esse componente permite que os alunos aprimorem seus conhecimentos e saberes locais, tais como: noções básicas de agroecologia e zootecnia, promovendo possibilidades do desenvolvimento de atividades econômicas e adequadas para as peculiaridades das comunidades do campo.

A matriz curricular do Emmtec atende aos 200 (duzentos) dias letivos, com 5 (cinco) dias semanais, carga horária anual do 1º ano, com uma carga horária de 760h (setecentos e sessenta horas) presencial e 80h (oitenta horas) de atividades extraclasse; do 2º ano, 674h (seiscentos e setenta e quatro horas) presencial e 160h (cento e sessenta horas) de atividades extraclasse; e do 3º ano, 754h (setecentos e cinquenta e quatro horas) e 80h (oitenta horas) de atividades extraclasse, conforme a determinação da LDB, Lei n.º 9.394/1996, em seu artigo 24 (BRASIL, 1996).

Currículo da educação mediada com tecnologia para comunidades do campo: perspectivas pedagógicas

A educação nas escolas do campo é uma modalidade ofertada para comunidades que vivem em área rural, com atividades na agricultura, bem como os povos tradicionais: ribeirinhos, quilombolas, indígenas, extrativistas e em localidades em difícil acesso. A educação do campo deve ser implementada de acordo com as especificidades que a região apresenta, tais como: arranjos produtivos, economia, cultura e sociedade. O ensino para a educação do campo precisa partir do currículo oficial, e é construído pautando as características locais da comunidade escolar. Essas adequações devem ocorrer por meio do Projeto Político Pedagógico construído em conjunto com a participação de todos os responsáveis pela educação (gestores, professores, alunos, família).

O Emmtec é uma metodologia de ensino ofertada para comunidades com muitas peculiaridades socioculturais, como espaço, tempo e dinâmica social da vida no campo e na floresta. Tem relação de trabalho na agricultura, extrativismo, pesca artesanal, há uma diversidade de práticas relacionadas aos rios e navegações. Assim, faz-se necessária a reflexão se o currículo do Emmtec contempla essas especificidades da vida social das pessoas que estão representadas nas aulas gravadas.

A respeito da educação nas escolas do campo, a Secretaria de Educação Continuada, Alfabetização, Diversidade e Inclusão (Secadi) afirma que:

> Alguns estados apenas preveem, de forma genérica, o respeito às características regionais, na organização e operacionalização de seu sistema educacional, sem incluir, em suas Cartas, normas e/ou princípios voltados especificamente para o ensino rural. (BRASIL, 2012, p. 20).

Sobre a clientela da educação do campo a Secadi, institui que:

> A educação do campo, tratada como educação rural na legislação brasileira, tem um significado que incorpora os espaços da floresta, da pecuária, das minas e

> da agricultura, mas os ultrapassa ao acolher em si os espaços pesqueiros, caiçaras, ribeirinhos e extrativistas. O campo, nesse sentido, mais do que um perímetro não-urbano, é um campo de possibilidades que dinamizam a ligação dos seres humanos com a própria produção das condições da existência social e com as realizações da sociedade humana. (BRASIL, 2001, p. 6).

Observa-se que a educação do campo é uma modalidade de suma importância para garantir a escolarização de crianças, jovens e adultos do campo e deve ser ofertada com qualidade, equidade, partindo de um currículo que possibilite a formação crítica, reflexiva e profissional, partindo de suas realidades e necessidades sociais. É um direito social, e sua especificidade precisa ser levada em conta, tal como tempo, espaço, práticas curriculares e pedagógicas reformuladas em cada localidade.

A esse respeito, a LDB expressa no artigo 28 que:

> Na oferta de educação básica para a população rural, os sistemas de ensino promoverão as adaptações necessárias à sua adequação às peculiaridades da vida rural e de cada região, especialmente: I – conteúdos curriculares e metodologias apropriadas às reais necessidades e interesses dos alunos da zona rural; II – organização escolar própria, incluindo adequação do calendário escolar às fases do ciclo agrícola e às condições climáticas; III – adequação à natureza do trabalho na zona rural. (BRASIL, 2001, p. 21).

Aponta-se que o currículo abarca uma variedade de conhecimentos que tanto podem contribuir para reprodução de valores e princípios considerados como válidos pela classe dominante, como também podem constituir um dispositivo de transformação e intervenção na estrutura da sociedade.

O currículo do Emmtec está pautado ou consubstanciado nas orientações do currículo oficial da BNCC, e com o Documento Curricular de Rondônia, bem como contempla as exigências da LDB sobre carga horária, dias letivos e componentes curriculares das áreas de conhecimento. Porém se ressalta que os planejamentos e as gravações das aulas são realizados na sede da escola digital da Seduc em Porto Velho, ou seja, o planejamento é de forma homogênea, igual para todas as localidades escolares. Os planejamentos precisam atender às especificidades dos povos indígenas, ribeirinhos e comunidades rurais. Todas essas comunidades têm culturas, saberes e práticas de trabalho diversificadas e isso precisa ser inserido no currículo para que os estudantes se sintam representados.

O currículo são as ações pedagógicas realizadas pelos professores, inclusive ações do currículo oculto, que acontecem por meio de percepções, suposições que, por serem incidentais e tácitas, não podem ser planejadas.

Sacristán (1995) expressa o currículo como a soma de todos os tipos de aprendizagens que os alunos adquirem como consequência de estarem sendo escolarizados. Porém o currículo real precisa ter bases epistemológicas dos conteúdos das diversas áreas de conhecimento e ser implementado pelos projetos curriculares, ou seja, o Projeto Político Pedagógico que cada escola formaliza em conjunto com os professores e comunidade escolar.

O autor salienta que o currículo é:

> Frutos de experiências planejadas para dar cumprimento à lista de materiais e temas ou objetivos, mas outras não. Em todo caso, o que se planeja e se prevê ocorre de forma nem sempre coincidente com a prevista. [...]. O currículo tem que ser entendido como a cultura real que surge de uma série de processos, mais que como um objeto delimitado e estático que se pode planejar e depois implantar; aquilo que é, na realidade, a cultura nas salas de aula. (SACRISTÁN, 1995, p. 85).

Nessa perspectiva, o currículo não é estático, está sempre em processo de mudança e deve abordar realidades distintas, multiculturais, que se projetam em diferentes formas de organizar a prática pedagógica. Assim, o ensino escolar precisa garantir o direito à formação aos cidadãos, sem discriminação, exclusão da diversidade presente na escola. O currículo democrático precisa abarcar a cultura local e a mais distante, bem como os saberes, práticas, manifestações culturais, precisa partir das linguagens e símbolos que os estudantes já conhecem. A escola deve desenvolver práticas educativas, por meio de um currículo que vise à democracia, contemplar a formação de cidadãos inteligentes e críticos, capazes de atuar e transformar suas realidades para melhoria social.

As políticas públicas de estado para a educação escolar devem contemplar as demandas da sociedade, como o direito à educação pública, acesso e permanência com qualidade. Nesse sentido, torna-se fundamental refletir se o ensino é organizado conforme as demandas das comunidades e suas especificidades e características regionais.

De acordo com Silva (2002), na história ocidental moderna já havia preocupações com a organização das atividades educacionais e atenção sobre o que ensinar, por exemplo, a *"Didactiva magna"*, de Comenius. Analisando a história da educação, o currículo é o artefato principal de escolarização, necessariamente se interessando pelos assuntos que envolvem o conhecimento epistemológico e sua construção histórica.

A educação brasileira vem reformulando o currículo nacional, desde então vem tomando o espaço do currículo "tradicional" como transmissor de conhecimento e "surgindo" então uma escola preocupada com a relação entre política, ideologia e poder. Assim, a escola surge como um instrumento para corrigir o problema da marginalidade e desigualdade de direitos.

Assim, cada teoria curricular tem um papel fundamental, propõe objetivos e subjetividades. Sendo assim, cabe aos educadores a percepção crítica dos objetivos e analisar com base na realidade em que os sujeitos estão inseridos, promover formação consciente para a construção de uma sociedade mais democrática, de aceitação e respeito pelo outro. Dessa forma, a escola deve promover seu objetivo principal, que é formar cidadãos críticos para sua emancipação técnica e social.

Na atualidade o ensino ganha novas possibilidades de inserção quando a lei enfatiza a questão da cidadania e propõe uma formação voltada para cidadãos capazes de transformar sua realidade. De acordo com a Lei de Diretrizes e Bases da Educação Nacional – LDBEN (Lei n.º 9.394/1996), artigo 36, parágrafo primeiro, o educando deve demonstrar "domínio dos conhecimentos [...]".

A LDB no seu artigo primeiro informa que

> [...] a educação abrange os processos formativos que se desenvolvem na vida familiar, na convivência humana, no trabalho, nas instituições de ensino e pesquisa, nos movimentos sociais e organizações da sociedade civil e nas manifestações culturais. (BRASIL, 1996, p. 1).

O ensino deve ser fundamentado nesse princípio, tal como cita o parágrafo segundo, que "a educação escolar deverá vincular-se ao mundo do trabalho e à prática social". Nesse contexto, a organização curricular da escola deve planejar o ensino e aprendizagem que deslumbre esses objetivos. São várias as vertentes e as propostas colocadas na atualidade, ora leis e diretrizes, para projetos de lei, ora currículos e programas, ora referenciais curriculares, os Parâmetros Curriculares Nacionais (PCN), e atualmente a BNCC (2019).

Na atualidade o ensino tem um campo amplo para explorar o conhecimento por meio das redes de comunicação e informação. As tecnologias estão cada vez mais em evidência, as escolas estão cada vez mais conectadas à internet, assim como os alunos a um notebook ou celular em seu cotidiano.

Algumas formas eficazes de ensinar no contexto da educação a distância ou híbrida mediada com tecnologia visam: integrar tecnologias, metodologias, atividades. Integrar texto escrito, comunicação oral, escrita, hipertexto, multimídia. Aproximar as mídias, as atividades, possibilitando que transitem facilmente de um meio para outro, de um formato para outro. Experimentar as mesmas atividades em diversas mídias. Trazer o universo do audiovisual para dentro da escola (MORAN, 2000, p. 31).

O cenário da educação mediada com tecnologia digital tem metodologia diferente da EaD, os alunos participam da aula totalmente presencial na escola-sede. As aulas são gravadas no estúdio equipado com equipamentos de TV. Os materiais produzidos pelos professores passam por correções de uma equipe, e após as correções são enviados para postagem no ambiente virtual de aprendizagem (AVA). Verifica-se aí que essa modalidade de ensino não é tão simples assim, faz-se necessário um planejamento antecipado, que envolve várias situações antes da postagem das aulas.

Considerando a complexidade do ensino na atualidade, Tardif (2012) e Freire (1996) defendem que o saber da formação profissional, o saber disciplinar, o saber curricular e saber experiencial exigem do professor rigorosidade nos métodos, pesquisa, respeito aos saberes dos educandos, criticidade, estética e ética, risco, consciência do inacabamento. Dessa forma, o ensino com mediação tecnológica exige novos saberes metodológicos e curriculares e o docente precisa ter consciência dessas novas ancoragens na prática pedagógica.

Moore e Kearsley (2013) afirmam que os alunos na modalidade da educação a distância necessitam de docente consciente de sua prática, tal como capacidade técnica e pedagógica para auxiliar o aluno a aprender. Para os autores, a metodologia da educação à distância destina-se para quem não podem frequentar as escolas presenciais, assim os alunos precisam de diferentes tipos de suporte e de ajuda em diversos tipos de problema (MOORE; KEARSLEY, 2013).

A ação educativa na atualidade é muito mais complexa, pois exige do docente um domínio mais aguçado dos métodos e técnicas de ensino, bem como do uso da tecnologia digital para o sucesso da aprendizagem, e essa formação precisa ter base na perspectiva crítica da realidade social, cultural, economia e política para o alcance da autonomia intelectual e profissional do educando.

Moore e Kearsley (2011) afirmam que, para permitir que os professores projetem cursos e interajam com os alunos por meio da tecnologia, os administradores da instituição educacional e aqueles responsáveis pelo treinamento devem organizar os recursos de um modo diferente dos usados para o ensino em sala de aula presencial.

Práticas pedagógicas no ensino médio presencial mediado por tecnologia: experiências vivenciadas pelos docentes ministrantes

A produção das videoaulas, dos diversos componentes curriculares, é desenvolvida inicialmente com o planejamento dos conteúdos programáticos do currículo, que são definidos por meio do plano didático, no qual os docentes fazem as produções dos slides para gravação das aulas. Nesse planejamento inicial, definem as atividades de sala, e a atividade de aula prática para o aluno, chamada de extraclasse. Os materiais, como planos instrucionais, recursos complementares (vídeos, artigos ou livros em PDF, site de pesquisa), e os slides das aulas são postados no ambiente virtual (*Google Drive*) para a equipe de correção. Após as correções pela coordenação pedagógica, os materiais são enviados aos coordenadores de polos, via e-mail, que encaminham aos professores presenciais (que atuam na sala com os estudantes), em seguida são repassados aos estudantes os *slides* das aulas em formato PDF. Os professores presenciais mediam as aulas cotidianamente aos alunos.

Essa modalidade de ensino não é tarefa fácil, faz-se necessário um planejamento antecipado, que envolve várias situações antes da veiculação das aulas, bem como exige uma equipe para organização pedagógica efetiva. O professor precisa disponibilizar recursos disponíveis gratuitamente aos estudantes, tais como vídeos, apostilas, site de pesquisa para complementar o ensino veiculado, pois somente as aulas não são suficientes para ampliação do conhecimento.

Dessa maneira, o Emmtec como nova modalidade de ensino reforça a necessidade de um professor polidocente[2] e multifacetado, o que incide na capacidade de agregar funções atinentes aos demais docentes para que possa contribuir de forma efetiva no ensino e aprendizagem dos estudantes, além de conduzir com clareza a explicação das atividades, dirimindo dúvidas e auxiliando em "todos os componentes curriculares" que permeiam essa proposta de ensino (AGUIAR, 2018).

No que se refere aos recursos pedagógicos na educação a distância ou híbrida, a Portaria n.º 451, de 16 de maio de 2018, define critérios e procedimentos para a produção, recepção, avaliação e distribuição de recursos educacionais abertos ou gratuitos voltados para a educação básica em programas e plataformas oficiais do Ministério da Educação.

No artigo segundo considera-se:

---

[2] A polidocência é definida por Mill (2010, p. 23) como um "conjunto articulado de trabalhadores, saberes necessários para a realização das atividades de ensino-aprendizagem na educação à distância".

> I - recurso educacional: recurso digital ou não digital, que pode ser utilizado e reutilizado ou referenciado durante um processo de suporte tecnológico ao ensino e aprendizagem; II - recursos educacionais digitais: os materiais de ensino, aprendizagem, investigação, gestão pedagógica e escolar em suporte digital, inclusive e-books, apostilas, guias, aplicativos, softwares, plataformas, jogos eletrônicos e conteúdos digitais; III - recursos educacionais abertos: aqueles que se situem no domínio público ou tenham sido registrados sob licença aberta que permita acesso, uso, adaptação e distribuição gratuitos por terceiros. Sempre que tecnicamente viável, os recursos educacionais abertos devem ser desenvolvidos e disponibilizados em formatos baseados em padrões abertos. (BRASIL, 2018, p. 1).

O docente precisa prever os desafios de aprendizagem dos estudantes, tais como: os conteúdos devem ser organizados com sequência didática, conceitos bem definidos, textos sucintos, imagens que referenciam o conceito abordado. As atividades são de múltipla escolha e uma discursiva. Porém podem ser desenvolvidos durante a aula momentos de interatividade, como: enquete, quiz.

O formato de educação mediada com tecnologia precisa de alguns preceitos, tanto para docentes quanto para discentes. Para Santos (2017), é preciso ter respeito ao aluno e ao seu tempo de aprender, ter cordialidade, ter seriedade, capacidade de escuta, organização, compromisso e ética. Considerando a complexidade do ensino mediado por tecnologias, exige novos saberes metodológicos e curriculares, e o docente precisa ter ciência da complexidade de aprender nessa modalidade.

O planejamento e a gravação das aulas são realizados pelas equipes de docentes no cenário em um estúdio de TV, coordenado por uma equipe técnica de produção de vídeos. Nessa tarefa, de aulas produzidas e gravadas em vídeo, o docente tem o desafio de estimular a atenção dos estudantes, quanto à aprendizagem do que está sendo ensinado. A aula tem duração de 40 minutos de conteúdo conceitual, após o término dessa aula é permitido ao aluno responder às atividades recebidas anteriormente à aula. Após esse momento é feita a revisão de conteúdo e correção dos exercícios em vídeo de 20 minutos. Todas essas aulas gravadas, conteúdos, revisão e correções de exercícios têm acesso para os estudantes cotidianamente, conforme calendário escolar.

O ensino com mediação tecnológica tem uma estrutura curricular e pedagógica muito própria, os professores são desafiados o tempo todo, as práticas pedagógicas são mais complexas, pois o professor precisa motivar o aluno a "aprender a aprender" o tempo todo.

A esse respeito, Behar (2009, p. 6) explica que o planejamento nessa modalidade de ensino precisa:

> Definir uma proposta pedagógica é necessário levar em conta as competências que o aluno deve adquirir. Para isso deve-se pensar que na EaD, em primeiro lugar, ele deve compreender o processo *on-line*, que é completamente diferente do presencial. O aluno deve ser ou se tornar comunicativo através, principalmente por meio da escrita, e deve ser auto motivado e autodisciplinado.

A educação por meio de recursos digitais constitui um recurso eficiente para atender a grandes contingentes de alunos sem riscos de perder a qualidade, porém os estudantes podem perder o interesse e evadir com mais facilidade do que no presencial. Esse fator pode ser devido às dificuldades com as ferramentas digitais, internet inadequada ou falta dela, materiais didáticos ou conteúdos complexos para as realidades do ensino rural.

Com relação à transmissão das aulas do Emmtec em Rondônia, e como os estudantes sanam as dúvidas dos conteúdos, as salas de aula são equipadas com uma TV até 42 polegadas, e a presença de um professor mediador da aprendizagem. Esse aplica as atividades diárias, bem como as avaliações. A organização das disciplinas é por módulo sequencial, são oferecidos dois módulos concomitantes. As aulas são veiculadas das 13hs às 17hs durante os duzentos dias letivos. Até o ano 2019 era ofertado o ensino técnico profissional coordenado pelo Instituto Federal de Rondônia (IFRO).

Diante das especificidades do Emmtec em Rondônia, verifica-se que o ensino mediado por tecnologia, os docentes ministrantes e presencial, é muito mais rigoroso em seu planejamento, os estudantes precisam de um disciplinamento minucioso, pois exige estudos diários, para que a aprendizagem seja efetiva. Porém sabemos que na vida no campo os estudantes não dispõem de tanto tempo, pois há distâncias entre a sua casa e a escola, também sabemos que muitos jovens desenvolvem muitas tarefas do campo para ajudar suas famílias.

A esse respeito, Moran (2000) afirma que hoje cada vez mais processamos as informações de forma multimídia, juntando textos de várias linguagens, que compõem um mosaico ou tela impressionista, e que se conectam com outra tela multimídia. O autor informa que atualmente, diante da rapidez que temos de enfrentar situações diferentes e cada vez mais utilizamos o processo multimídico, o aluno precisa ser muito mais ativo.

Com as atividades propostas no Emmtec, os alunos desenvolvem até cinco atividades de múltipla escolha, geralmente uma é discursiva, os exercícios são corrigidos em aulas gravadas, e interações por meio da conectividade do *chat WhatsApp*. Quando o ensino era veiculado ao vivo, os docentes presenciais se comunicavam com docentes de estúdio, informavam as dúvidas dos alunos e o professor ministrante sanava as dúvidas. Nas aulas ao vivo, os docentes presenciais, por meio do *chat,* passam as alternativas que os alunos marcaram na atividade, e os professores ministrantes da aula corrigem as questões e analisam os acertos dos estudantes.

Nesse formato de ensino, os estudantes são desafiados em seu processo de aprendizagem, pois aprender por meio da tecnologia digital, ensino híbrido, não é tarefa fácil, considerando os problemas enfrentados pelos alunos em cada localidade.

Para Moran (2000), a televisão utiliza uma narrativa com várias linguagens superpostas, atraentes, rápidas, porém traz consequências para a capacidade de compreender temas mais abstratos. Por esse motivo, os professores são convidados a cada vez mais refletir sobre suas práticas e como podem materializar os conhecimentos ensinados por meio de transmissão de TV. O ensino veiculado por TV exige do aluno concentração mais aguçada e percepções bem apuradas – não perderão o foco na informação veiculada.

Essa modalidade de ensino precisa alinhar a estrutura pedagógica às competências que os estudantes devem adquirir, conforme explica a autora:

> Não é qualquer proposta pedagógica que se adapta à EaD. Para definir aspectos organizacionais de um modelo pedagógico para essa modalidade, as competências que o aluno precisa desenvolver que são importantes para participar de um curso a distância são as seguintes: competência tecnológica, no que se refere ao uso de programa em geral, mas principalmente na internet, competência ligada a saber aprender em ambientes virtuais de aprendizagem e competência ao uso de comunicação escrita. Para isso os objetivos, no sentido de como usar e como compreender, além dos objetivos relacionados às atitudes em relação aos valores. (BEHAR, 2009, p. 6).

Na modalidade de ensino em estudo, os profissionais precisam ser altamente qualificados, ter conhecimento teórico e experiência, contribuir para o ensino teórico e prático. Isso é muito importante para a qualidade do ensino, seja em EaD, seja na modalidade presencial, porém os desafios que surgem exigem do docente flexibilidade para aprender o novo e implicam mudanças na forma tradicional de ensinar.

A matriz curricular do Emmtec, em estudo, atende à legislação vigente, como a LDB (9.394/1996), artigo 35. O Ensino Médio, etapa final da educação básica, com duração mínima de três anos, terá como finalidades:

> [...] II - a preparação básica para o trabalho e a cidadania do educando, para continuar aprendendo, de modo a ser capaz de se adaptar com flexibilidade a novas condições de ocupação ou aperfeiçoamento posteriores; III - o aprimoramento do educando como pessoa humana, incluindo a formação ética e o desenvolvimento da autonomia intelectual e do pensamento crítico IV - a compreensão dos fundamentos científico-tecnológicos dos processos produtivos, relacionando a teoria com a prática, no ensino de cada disciplina. (BRASIL, 1996, p. 24).

Verifica-se que a atividade extraclasse é fomentada pelo inciso IV do artigo da LDB já citado, que o ensino dos componentes curriculares precisa ir além da compreensão dos fundamentos científico-tecnológicos dos processos produtivos, precisa também relacionar a teoria com a prática no ensino de cada disciplina.

Silva (2005, p. 150) defende que o currículo tem significado que vai muito além daquele que as teorias tradicionais nos confirmaram. O currículo é lugar, espaço, território. O currículo é relação de poder. O currículo é trajetória, viagem, percurso.

O Projeto Ensino Médio com Mediação Tecnológica em Rondônia tem obtido sucesso no desenvolvimento do ensino, porém passa por muitos desafios com relação às questões de infraestrutura física e pedagógica desde sua implantação.

CONSIDERAÇÕES FINAIS

O Emmtec está sendo implementado no Estado de Rondônia por meio de uma metodologia pautada em aulas gravadas em estúdio, postadas em um portal digital ou enviadas para os alunos em suas localidades — educação do campo. Como programa de governo, esse formato de ensino foi justificado devido à dificuldade de profissionais para trabalharem na educação do campo na última etapa da educação básica — ensino médio —, pelo difícil acesso às comunidades rurais. Observa-se a importância do Emmtec para atender à demanda reprimida de estudantes que concluíram o Ensino Fundamental e que, por diversas razões, não tiveram acesso ao ensino médio.

As aulas são ministradas ao vivo em estúdio de TV e acompanhadas por um professor presencial, que atua diretamente com os alunos na sala de aula. Ressalta-se a necessária capacitação docente na medida em que tais sujeitos precisam refletir criticamente sobre os desafios de ensinar e aprender por meio de tecnologia digital. Esse formato de educação exige dos professores e estudantes dedicação maior e domínio no uso das tecnologias, bem como aprofundamento teórico para que possam se apropriar dos recursos tecnológicos de modo a atender às necessidades específicas da população rural.

Assim, o ensino deve promover a formação profissional e humana do cidadão, e para isso necessita que o currículo reporte o seu entorno, as questões sociais locais, sem perder de vista o universo científico necessário a uma formação competitiva para o mercado de trabalho. Dessa forma, a educação ofertada às comunidades do campo nessa modalidade — mediação tecnológica — poderá cumprir seu papel de ampliar conhecimentos e possibilidades de trabalho para os jovens das populações rurais.

REFERÊNCIAS

BRASIL. Lei n.º 9.394, de 20 de dezembro de 1996. Lei de Diretrizes e Bases da Educação Nacional. **Diário Oficial da União**, Poder Executivo, Brasília, 20 dez. 1996.

BRASIL. Portaria n.º 451, de 16 de maio de 2018. Ministério da Educação/ Gabinete do Ministro. 16 de maio de 2018 - **Diário Oficial da União** - Imprensa Nacional. Brasília, 16 maio. 2018. Disponível em: http://www.imprensanacional.gov.br/web/guest/consulta?p_p_id=101&p_p_lifecycle=0&p_p_state=maximized&p_p_mode=view&_101_struts_action=%-2Fasset_. Acesso em: 25 maio 2018.

BRASIL. **Educação do campo**: marcos normativos. Brasília: MEC; Secadi, 2012. Disponível em: http://pronacampo.mec.gov.br/images/pdf/bib_educ_campo.pdf. Acesso em: 25 nov. 2022.

BEHAR, Patrícia Alejandra. **Modelos pedagógicos para a educação a distância**. Porto Alegre: Artmed, 2009.

MOORE, Michael; KEARSLEY, Greg. **Educação a distância**: sistema de aprendizagem on-line. 3. ed. São Paulo: Cengage Learning, 2013.

MORAN, José Manuel; MASETTO, Marcos Tarciso; BEHRENS, Marilda Aparecida. **Novas tecnologias e mediação pedagógica**. Campinas: Papirus, 2000.

RONDÔNIA. **Lei n.º 3.846, de 4 de julho de 2016**. Porto Velho, 8 jul. 2016. Disponível em: http://www.diof.ro.gov.br/data/uploads/2016/07/Doe-08_07_2016.pd. Acesso em: 10 jun. 2018.

SACRISTÁN, José Gimenes. **Territórios contestados**: o currículo e os novos mapas políticos e culturais. Petrópolis: Vozes, 1995.

SANTOS, Pricila Kohls dos. **Educação e tecnologia**. Porto Alegre: Sagah, 2017.

SILVA, Tomaz Tadeu da. (org.). **Da identidade e diferença**: a perspectiva dos estudos culturais. Petrópolis: Vozes, 2000.

SILVA, Tomaz Tadeu da; **Documentos de identidade**: uma introdução às teorias do currículo. Belo Horizonte: Autêntica, 2005.

7
ENSINO MÉDIO PRESENCIAL COM MEDIAÇÃO TECNOLÓGICA E A INSERÇÃO DA DIVERSIDADE CULTURAL

Lidiana da Cruz Pereira
Luciana Dermani

INTRODUÇÃO

Na atualidade os estudantes são considerados nativos digitais, assim a educação escolar deve estar atrelada às ferramentas tecnológicas e mídias digitais. Dessa forma, a educação precisa expandir cada vez mais o ensino mediado por tecnologias, tais como: videoaulas disponíveis em plataformas digitais *online*, aulas veiculadas por monitor de TV via sinal digital ou internet, entre outros. Nesse formato, o processo pedagógico de ensino e aprendizagem necessita da utilização de recursos digitais para essa nova clientela, para a melhoria da qualidade do ensino e estímulo aos estudantes para aprender. Os recursos podem ser a utilização de áudios, imagens, vídeos, jogos digitais, recursos digitais, ferramentas de informática e programas computacionais, entre outros. Esses recursos auxiliam no trabalho pedagógico do professor, e ao mesmo tempo estimulam o aluno a aprender cada vez mais, pois essas ferramentas facilitam a aprendizagem. Nesse cenário, o professor precisa adequar a metodologia de ensino a essa nova realidade em que as tecnologias estão ao alcance das pessoas, mesmo em locais remotos.

A modalidade do ensino médio com Mediação Tecnológica é ofertada pela Secretaria de Estado e Educação de Rondônia (Seduc) desde 2016, a diversos municípios do estado, para uma clientela peculiar no que se refere à cultura, saberes, práticas, clima, espaços geográficos. Assim, consideramos que esse formato de ensino precisa dialogar com as práticas sociais dessa clientela, de forma que o conhecimento supere a mera reprodução do currículo e as relações de poder que intensificam as desigualdades sociais.

O ponto de partida para esse formato de ensino, o currículo, precisa ser contextualizado e potencializado à cultura local, que implique a transformação dos sujeitos e o reconhecimento de suas identidades culturais. Nesses termos, cabe questionar o currículo prescrito e o real, bem como as práticas pedagógicas e metodológicas do ensino mediado com tecnologia para essas comunidades tão específicas e diversificadas. Nesse campo multicultural a educação escolar deve contemplar a formação que contribua efetivamente para a melhoria social, intelectual e profissional.

ASPECTOS LEGAIS DO ENSINO NA EDUCAÇÃO BÁSICA E O USO DAS TECNOLOGIA DIGITAIS

Ensinar no contexto das tecnologias digitais tornou-se uma tarefa multifacetada, pois há diversos recursos de imagens, sons, animações, vídeos, CDs ou DVDs, videogames, sites da internet, aplicação animada de um algoritmo ou outros. Porém os docentes precisam ter conhecimento dessas tecnologias digitais e utilizar a seu favor. Sabemos que os professores são desafiados pelas novas demandas no ensino e necessitam de formações constantes, pois os educandos apresentam novos perfis na atualidade, dominam diversas ferramentas tecnológicas, e essas facilitam o ensino e são mais estimulantes a aprender.

A Lei de Diretrizes e Bases da Educação Nacional — LDBEN (Lei n.º 9.394/1996), no seu artigo primeiro, estabelece que

> [...] a educação abrange os processos formativos que se desenvolvem na vida familiar, na convivência humana, no trabalho, nas instituições de ensino e pesquisa, nos

movimentos sociais e organizações da sociedade civil e nas manifestações culturais. (BRASIL, 1996, s/p).

Diante do que a lei apresenta, o ensino escolar deve ser alinhado a esses princípios, em que as manifestações culturais da comunidade escolar fazem-se necessárias, inquiridas ao currículo, e fomentem as criações humanas, por meio das diversas áreas de conhecimento.

No parágrafo segundo, a LDBEN (1996) expressa que "a educação escolar deverá vincular-se ao mundo do trabalho e à prática social", nesse contexto a estrutura curricular dos diversos componentes curriculares do Ensino Médio precisa abarcar às práticas sociais de forma que promova a formação integral, como as interações humanas, conhecimento técnico e tecnológico para o trabalho e a *práxis* social.

A LDB, artigo 35-A, informa que a Base Nacional Comum Curricular (BNCC) definirá direitos e objetivos de aprendizagem do Ensino Médio, conforme as diretrizes do Conselho Nacional de Educação.

O artigo 26 da LDB institui que:

> Os currículos devem [...] ter uma base nacional comum, a ser complementada, em cada sistema de ensino e em cada estabelecimento escolar, por uma parte diversificada, exigida pelas características regionais e locais da sociedade, da cultura, da economia e dos educandos. [...].
> § 2º O ensino da arte, especialmente em suas expressões regionais, constituirá componente curricular obrigatório da educação básica (BRASIL, 1996, p. 19).

A parte diversificada dos currículos de que trata o *caput* do artigo 26 define que cada sistema de ensino deverá estar harmonizado à BNCC e ser articulado pelo contexto histórico, econômico, social, ambiental e cultural. Nesses termos, o ensino de arte é obrigatório na educação básica.

No documento da BNCC, expressa-se que o novo formato do Ensino Médio está integrado às áreas de Linguagens e suas Tecnologias (Língua Portuguesa, Arte, Educação Física e Língua Inglesa), Matemática; Ciências da Natureza (Biologia, Física e Química); e Ciências Humanas e Sociais Aplicadas (História,

Geografia, Sociologia e Filosofia). Dessa forma, faz-se necessária a interdisciplinaridade e a multidisciplinaridade entre os componentes em suas áreas, ou seja, os conteúdos perpassam todas as áreas de conhecimento, possibilitando ao estudante aprender de forma mais contextualizada.

Com relação às dimensões do ensino da área de Linguagens e suas Tecnologias no ensino médio, devem ser de forma que permitam aos estudantes ampliarem sua visão social, cultural e filosófica em seu entorno e mais distante. A BNCC expressa que:

> A Arte contribui para o desenvolvimento da autonomia criativa e expressiva dos estudantes, por meio da conexão entre racionalidade, sensibilidade, intuição e ludicidade. Ela é, também, propulsora da ampliação do conhecimento do sujeito relacionado a si, ao outro e ao mundo. É na aprendizagem, na pesquisa e no fazer artístico que as percepções e compreensões do mundo se ampliam no âmbito da sensibilidade e se interconectam, em uma perspectiva poética em relação à vida, que permite aos sujeitos estar abertos às percepções e experiências, mediante a capacidade de imaginar e ressignificar os cotidianos e rotinas. (BRASIL, 2019, p. 473).

Assim, a área de Linguagens e suas Tecnologias propicia a pesquisa e o desenvolvimento de processos de criação de materiais concretos e transversais entre as linguagens artísticas, contemplação de aspectos corporais, gestuais, teatrais, visuais, espaciais e sonoros.

O ensino da área de Linguagens e suas Tecnologias é um campo fértil para serem explorados por meio do conhecimento histórico as culturas e suas transformações constantes, fomentando a diversidade cultural, a democracia social, a aceitação das diferenças, possibilitando a reflexão crítica e teórica e a prática.

De acordo com a BNCC, com relação à aprendizagem e uso das tecnologias digitais na Educação Básica, está expresso na competência geral 5:

> Compreender, utilizar e criar tecnologias digitais de informação e comunicação de forma crítica, significativa, reflexiva e ética nas diversas práticas sociais

> (incluindo as escolares) para se comunicar, acessar e disseminar informações, produzir conhecimentos, resolver problemas e exercer protagonismo e autoria na vida pessoal e coletiva. (BRASIL, 2019, p. 9).

Assim, é relevante que os estudantes sejam capazes de aprender e utilizar as ferramentas digitais, pois no contexto atual as tecnologias digitais estão em todo o contexto social e profissional. Dessa forma, essa competência prevê o papel fundamental das tecnologias digitais e estabelece que o estudante deve dominar o universo das ferramentas digitais, sendo capaz de aprender e fazer uso consciente, qualificado e ético das diversas ferramentas existentes e saber manusear as ferramentas computacionais e os impactos da tecnologia na vida das pessoas e da sociedade.

A respeito do ensinar e do aprender no cenário das tecnologias digitais:

> Cada vez mais os sujeitos se veem obrigados a encontrar formas diferenciadas de dar resposta a estes novos desafios. Para isso, diferentes modalidades de transmitir o saber foram procuradas com o intuito de tornar o aprendente um sujeito cada vez mais participativo e ativo. O mais importante agora não são os conteúdos, propriamente ditos, mas sim a maneira mais pertinente e eficaz de os sujeitos se prepararem para rapidamente darem resposta às novas condições. (GOULÃO, 2011, p. 124).

Dessa forma, no ensino e aprendizagem no panorama atual os docentes e discentes precisam ser mais dinâmicos, ativos, conectados à rede de internet, para que possam acompanhar as mudanças que ocorrem constantemente na cultura, na política e na ciência. Assim, o ensino de arte é um componente que perpassa por linhas históricas da sociedade, os aprendizes precisam conhecer e perceber os movimentos culturais, políticos, sociais e científicos da sociedade. O advento das tecnologias facilitou o ensinar, o aprender e o pesquisar, pois o estudante tem acesso aos conhecimentos mais importantes e de seu interesse, que deve ser com responsabilidade.

DIVERSIDADE CULTURAL NO ENSINO MEDIADO COM TECNOLOGIA

A Base Nacional Comum Curricular é um documento que visa à sistematização dos conteúdos ensinados nas escolas brasileiras, englobando todas as fases da educação básica. Trata-se de um conjunto de objetivos de aprendizagem de cada uma das etapas do ensino. Para o MEC, a BNCC não será um currículo totalmente fixo, a BNCC é uma ferramenta de orientação à elaboração do currículo específico de cada escola, desconsiderando as particularidades metodológicas, sociais e regionais de cada realidade.

A questão relacionada à diversidade após a aprovação da BNCC, a inclusão dos conteúdos específicos, como a História e a Geografia da região ou as tradições específicas dos povos indígenas locais, caberá à Secretaria da Educação de cada estado ou município, a configuração da chamada de base diferencial.

Essa demanda está de acordo com as estratégias do Plano Nacional de Educação, que visa à combinação de currículo e práticas pedagógicas, de maneira articulada, à organização do tempo e das atividades didáticas entre escola e comunidade, considerando as especificidades da educação especial, das escolas do campo e das comunidades indígenas e quilombolas. Assim sendo, cabe aos gestores da educação, professores e demais funcionários da escola a construção dos projetos pedagógicos de forma a atender a essa nova demanda curricular.

Historicamente na educação brasileira o currículo tradicional sempre atendeu à cultura dominante, com o intuito de manter sempre em evidência a cultura das elites políticas e aristocráticas brasileiras, a fim da manutenção do controle social. Na atualidade o currículo nacional vem abarcando políticas públicas que versam sobre as raízes culturais que formaram as diversas identidades existentes no país, implicando uma educação mais democrática e plural.

Na visão de Apple (2006, p. 110), o currículo é uma ferramenta que controla o conhecimento, impõe o que ensinar e para que ensinar. O autor informa que

> [...] ambas as questões, "comunidade e pensamento único", eram temas comuns no pensamento social

dos teóricos norte-americanos, principalmente nos novos campos emergentes da sociologia, psicologia e educação.

Para melhor compreendermos o campo do currículo, faz-se necessário o entendimento das bases teóricas que o fundamentaram nas realidades sociais tradicionais, de como o currículo é impregnado de ideias que o formularam; tudo isso permite o entendimento da construção do currículo, sua proposta na história, a relação entre conhecimento, sociedade, cultura e problemas na busca de como selecioná-los.

A inserção da temática da diversidade cultural nas políticas públicas educacionais no Brasil se dá com a Constituição Federal brasileira de 1988. Desse modo, a lei maior que rege nosso país assegurou em seu artigo 215 o direito de todos os cidadãos ao acesso à cultura, bem como a manifestação da diversidade étnica e regional, a valorização, a difusão e a manifestação das culturas populares, indígenas, afro-brasileiras e de outros grupos participantes do processo cultural nacional.

A Constituição Federal brasileira, no artigo 242, parágrafo primeiro, estabelece que "o ensino da História do Brasil levará em conta as contribuições das diferentes culturas e etnias para a formação do povo brasileiro" (BRASIL, 1988, s/p), fortalecendo o reconhecimento da experiência cultural de todos os povos que formam a sociedade brasileira. A LDB, Lei n.º 9.394, de 1996, ratifica a posição da Constituição Federal de 1988 referente à diversidade para contemplação da diversidade cultural em nosso país, que visa à educação construída no campo nacional, mas relacionada a realidade regional.

A LDB, Lei n.º 9.394/96, traz para a discussão as diferenças culturais e as possibilidades de organização do currículo. No artigo 26 propõe incorporação ao currículo do Ensino Fundamental e Médio, uma parte diversificada exigida pelas características regionais e locais da sociedade, da cultura, da economia e da clientela. Além dessa proposta, estabelece nos artigos 26 e 26-A uma base nacional comum dos currículos do Ensino Fundamental e Médio, o ensino da história do Brasil e as contribuições das diferentes culturas e etnias para a formação do povo brasileiro, especialmente das matrizes indígena, africana e europeia, bem como o ensino sobre a história e cultura afro-brasileira, e os conteúdos devem ser trabalhados no âmbito de todo o currículo.

As teorias pós-críticas concebem o currículo não pela perspectiva subjetiva de libertar da alienação capitalista, têm o objetivo de formação dos sujeitos valorizando e considerando sua identidade cultural. O currículo é uma ferramenta que expressa identidade e poder, nesse sentido percebe-se que a questão de poder é que diferencia as teorias tradicionais das teorias críticas e pós-críticas do currículo na atualidade.

Silva (2005) expressa que a teoria crítica questiona o conhecimento engessado e direciona os conceitos pedagógicos de ensino e aprendizagem para o conceito de ideologias e poder. O autor aponta que as teorias pós-críticas concebem o currículo na concepção de que não existe conhecimento subjetivo que possa libertar da alienação causada pelo capitalismo.

A respeito disso, Silva (2005) aponta que as teorias críticas e pós-críticas de currículo ensinam as relações de poder e de controle que o currículo pode ter sobre o que transmite:

> Ao questionar alguns dos pressupostos da teoria crítica de currículo, a teoria pós crítica introduz um elemento de tensão no centro mesmo da teorização crítica. Sendo pós, ela não é, entretanto, simplesmente superação. Na teoria do currículo, assim como ocorre na teoria social mais geral, a teoria pós-crítica de se combinar com a teoria crítica para nos ajudar a compreender os processos pelos quais, através de relações de poder e controle, nos tornamos aquilo que somos. Ambas nos ensinaram, de diferentes formas, que o currículo é uma questão de saber, identidade e poder. (SILVA, 2005, p. 147).

Portanto, há consenso entre os teóricos de que o conceito de currículo tem segmentos que cobrem realidades diferenciadas, que se projetam em forma de análise e orientação à prática, por meio das quais dá sentido às estratégias e políticas para mudar as realidades.

A escola é um ambiente que abriga uma diversidade cultural, a tarefa da escola na transmissão e produção de conhecimentos implica também o discernimento de valores, moral e ética sem exclusão das culturas no currículo.

Assim, a concepção crítica do multiculturalismo levaria professor e alunos a uma visão crítica do currículo e da sociedade em geral, passando a não serem influenciados pelos filmes, anúncios, modas, costumes, danças, músicas, revistas, espaços urbanos. Essas dinâmicas sociais, ao adentrarem as salas de aula e constituírem objeto da atenção e da discussão de docentes e discentes ao serem estudadas, seriam com olhar crítico. Diante do exposto, faz-se necessário que se entenda sobre o que versa o multiculturalismo na vertente crítica, e qual relação tem com a cultura expressa na escola.

Forquin (1993, p. 11) conceitua cultura como: "o conjunto de traços características do modo de vida de uma sociedade, [...], aí compreendido os aspectos que podem ser considerados como os mais cotidianos, os mais triviais ou os mais inconfessáveis". O autor adverte que o essencial daquilo que a educação ensina, ou do que deveria ensinar, sempre vai além necessariamente das fronteiras entre os grupos humanos e os particulares mentais, e advém de uma memória comum e de um destino comum a toda a humanidade

> Mas a cultura é assim compreendida, como herança coletiva, patrimônio e espiritual, pode deixar-se encerrar completamente dentro das fronteiras das nações ou dos limites das comunidades particulares. [...] deve-se conceder um espaço, no vocabulário atual da educação, à noção universalista e unitária de cultura humana, isto é, a ideia de que o essencial daquilo que a educação transmite (ou do que deveria transmitir) sempre, e o por toda a aparte, transcende necessariamente as fronteiras entre os grupos humanos e os particulares mentais e advém de uma memória comum e de um destino comum a toda a humanidade. (FORQUIN, 1993, p. 12).

As práticas escolares multiculturais devem reconhecer a existência de movimentos sociais. O currículo em ação nessa linha de pensamento indica a necessidade de desenvolvimento das situações pedagógicas que, em substituição à cultura do silêncio, conduzissem a libertação dos oprimidos (CANEN; OLIVEIRA, 2001).

O reconhecimento da diversidade cultural no contexto escolar é o ponto inicial para promoção de ações em projetos curriculares das instituições de ensino, pois concepções sobre o multiculturalismo numa vertente crítica facilitam a formação de pessoas esclarecidas, críticas, solidárias e que buscam a construção de uma sociedade mais solidária, justa e politizada. Nessa perspectiva, as dificuldades enfrentadas na tentativa de construir uma escola democrática, embora diferentes, têm sido objeto de investigações que discutem o currículo de forma ampla.

Para McLaren (1997), o multiculturalismo crítico afirma o compromisso político de transformação da sociedade, ao contrário de outras perceptivas que não consideram importantes as tradições histórico-culturais dos sujeitos. O multiculturalismo crítico visa à transformação das relações sociais e culturais nas quais os significados surgem. Essa tendência, segundo McLaren, (1997, p. 123), "vê a cultura como elemento não-conflitivo, harmonioso e consensual, [...]". É compreendida como tensa, não como um estado de relações culturais e políticas sempre harmonioso, suave e sem cicatrizes. Sustenta a ideia de que a diversidade deve ser assegurada dentro de uma política crítica e com compromisso com a justiça social. O multiculturalismo crítico no contexto de currículo escolar e da instituição em que ocorre a formação de professores não deve ser adotado como modismo ou um movimento por parte da elite da população.

Diante das posições do **multiculturalismo**, Moreira e Candau (2013) propõem outra posição de multiculturalismo, que é aberto e interativo, que acentua a **interculturalidade** por considerá-la mais adequada para a construção de sociedades democráticas, pluralistas e inclusivas, que articulem políticas de igualdade com políticas de identidade.

Diante das visões de multiculturalismo, a perspectiva crítica é a posição que visa à democratização da educação. O currículo do ensino básico, os cursos de formação de professores, assim como as práticas pedagógicas dos docentes formadores devem incluir a diversidade cultural como elemento da construção histórica dos sujeitos. Na atualidade a sociedade passa por inversão de valores, atitudes e ampla violência nas escolas, e no convívio social isso precisa ser considerado no currículo e nas práticas pedagógicas, visando à transformação dos sujeitos.

A educação no Brasil parte de um contexto complexo, do nacional ao local. As legislações nacionais, desde a Constituição Federal de 1988 e a Lei de Diretrizes de Base da Educação Nacional (Lei n.º 9.394/1996), são documentos que instituem ao país a construção de seu sistema educacional, tendo por base referências culturais, sociais, econômicas e políticas.

A educação de comunidades do campo e de difícil acesso é uma modalidade muito específica, ela precisa viabilizar a organização curricular e pedagógica que contemple a cultural e os saberes locais reais e significativas, de forma que possibilite a ampliação do universo cultural de forma crítica, para a melhoria do convívio social, intelectual e profissional dos sujeitos como um direito constitucional.

O Ministério da Educação e Cultura (MEC), por intermédio do Conselho Nacional da Educação (CNE), amplia políticas que tratam da inclusão das diversas culturas na Base Nacional Comum Curricular (BNCC) dos diversos níveis e modalidades, tal como: educação do campo, indígena e quilombolas. Desse modo, a educação deve alcançar a qualidade e a inclusão social dos discentes das diversas modalidades e níveis de ensino, para isso é preciso investimento significativo do setor público, para que realmente as escolas possam atender às necessidades de aprendizagem.

Para a qualidade no ensino, faz-se necessário financiamento para melhoria da estrutura física, pedagógica, curricular, tais como: equipamentos, laboratórios, salas de recursos, materiais didáticos, para o melhor atendimento aos estudantes.

Rondônia tem ampla comunidade rural, ribeirinhas às margens do Rio Madeira e outros, diante dessa realidade geográfica buscou-se atender ao direito de acesso à educação por meio da modalidade de ensino mediado com tecnologia, uma alternativa para sanar os desafios das comunidades rurais para o acesso ao ensino médio.

O ensino mediado com tecnologia atende às demandas das comunidades nas quais não existem profissionais com formação específica nas áreas de conhecimento para as escolas do campo. Assim, buscou-se garantir por meio desse projeto o direito ao ensino de qualidade para continuação dos estudos e ingresso no mercado de trabalho.

O formato do ensino mediado por tecnologia é fundamentado pelo artigo 5º da Resolução CNE/CEB 2, de 30 de janeiro de 2012, que define as Diretrizes Curriculares Nacionais para o Ensino Médio.

O ensino médio presencial com Mediação Tecnológica baseia-se na:

> Formação integral do estudante; Trabalho e pesquisa como princípios educativos e pedagógicos, respectivamente; Educação em direitos humanos como princípio nacional norteador; Sustentabilidade ambiental como meta universal; Indissociabilidade entre educação e prática social, considerando-se a historicidade dos conhecimentos e dos sujeitos do processo educativo, bem como entre teoria e prática no processo de ensino-aprendizagem; Integração de conhecimentos gerais, realizada na perspectiva da interdisciplinaridade e da contextualização. (BRASIL, 2012, p. 2).

Na modalidade de ensino mediado com tecnologia, faz-se necessário fomentar o ensino interdisciplinar e transversal, vinculando o ensino e a aprendizagem ao contexto social, local, visando à formação para o trabalho, utilização das tecnologias e busca pela melhoria de vida, em especial transformação da localidade em que o estudante está inserido.

É de suma importância que o ensino na escola seja transversal com as diversas áreas do conhecimento. Assim, faz-se necessário aprender por meio de tecnologias digitais, bem como fazer uso das ferramentas tecnológicas para resolver problemas, situações do cotidiano e profissionais.

Zagonel (2012, p. 27) informa que, numa sociedade em que os meios de comunicação dominam os mercados, a cultura por meio da globalização influencia e direciona o gosto das pessoas, em que as tecnologias permeiam todas as áreas de conhecimento e influenciam as relações humanas. Nesse contexto, o ensino deverá trilhar um novo caminho, precisa estar alinhado às novas tecnologias e meios de informação.

De acordo com Moran (2015, p. 15),

> [...] a educação formal está num impasse diante de tantas mudanças na sociedade: como evoluir para tornar-se relevante e conseguir que todos aprendam de forma competente a conhecer, a construir seus projetos de vida.

Assim, somente as tecnologias não bastam para ampliação dos conhecimentos, ensinar na era digital é um desafio constante.

O ensino na atualidade deve seguir novos caminhos, o conhecimento mediado por tecnologias, diferentemente da educação tradicional, precisa vislumbrar um projeto de vida para que o estudante desenvolva a autonomia social, profissional e saiba utilizar as tecnologias.

As tecnologias digitais na educação permitem a integração de todos os espaços e tempos. Ensinar e aprender acontece numa interligação simbiótica, profunda, constante entre o que chamamos de mundo físico e mundo digital. Moram (2015) expressa que são espaços estendidos, uma sala de aula ampliada, que se mescla, hibridiza constantemente. Por isso, "a educação formal é cada vez mais *blended*, híbrida, porque não acontece só no espaço físico da sala de aula, mas nos múltiplos espaços, que incluem os digitais" (MORAN, 2015, p. 16).

Na atualidade, com os diversos recursos tecnológicos que permitem a interação e busca de informação, o docente e o discente precisam mudar. Essas mudanças dependem da nova postura do educador, tal como ser consciente, intelectual e emocionalmente curioso, que saiba motivar e dialogar com o estudante, utilizar os recursos tecnológicos para melhorar a qualidade e estimular o ensino.

Zagonel (2012, p. 99) aponta que:

> A gama de recursos tecnológicos existentes nos dias de hoje é sabidamente imensa. Alguns aparelhos fazem parte do dia a dia das pessoas, o que leva as crianças e os adolescentes a dominá-los com destreza e rapidez. É o caso da internet e do que ela traz consigo, dos telefones celulares com mil possibilidades, dos IPODS, dos aparelhos de MP3, dos jogos virtuais, dos gravadores sonoros e de imagem, dos DVDs, dos CDs e demais aparelhos de fácil acesso e simples manuseio, que tornam cada vez mais acessíveis à população.

Assim, faz-se necessária a reflexão sobre como mediar o ensino na escola formal na era digital, em que os conhecimentos estão postos de várias formas na internet, e os jovens precisam ser preparados para selecionar os conhecimentos que sirvam para a vida, que permeiam os valores éticos e estéticos, de respeito à cultura e à democracia social.

O ensino é complexo no formato da educação híbrida, porém os recursos tecnológicos são diversos, mas não estão acessíveis para alguns estudantes. Assim, os docentes são desafiados a atuar de forma interdisciplinar, os conteúdos deverão ser aplicados de forma transversal.

O ensino escolar é um terreno fértil para a exploração da cultura no contexto histórico e atual sobre as transformações sociais. Deve possibilitar a compreensão da diversidade cultural, a democracia social, a aceitação dos diferentes e da pluralidade cultural no contexto escolar. Entre diversos fatores que compõem a função social do ensino estão as influências teóricas e ideológicas que compõem o currículo, enfatiza-se a necessidade da formação do cidadão esclarecido e crítico.

O currículo e a prática pedagógica do docente precisam partir da realidade social e cultural dos educandos e da comunidade escolar, visando à promoção da construção da consciência crítica, reconhecimento dos direitos e deveres, para o engajamento da autonomia profissional e social.

A esse respeito Gomes (2012, p. 9) enfatiza a questão da cultura presente na escola, na sala de aula, na comunidade. Para ela, "essas culturas não se manifestam somente de forma imaterial nem é um tema capaz de homogeneizar tudo e todos". Afirma ainda que no espaço escolar, nos projetos curriculares e na sala de aula, os discentes convivem com ideologias, símbolos, interpretações e vivências de mundo diferentes, e tudo deve ser levado em consideração pelos docentes em suas ações. Assim, as práticas pedagógicas dos professores precisam ser pautadas na resolução de problemas do cotidiano escolar, como o combate à violência de todas as formas, de preconceito racial, de gênero, de sexo e religião, possibilitando a boa convivência e harmonia social para as gerações futuras.

Neira (2007, p. 2) argumenta que

> [...] depreende-se daí que o currículo deverá favorecer um ambiente social onde a criança se sinta estimulada e segura para manifestar seu repertório cultural, só assim, haverá condições para a ressignificação necessária à ampliação.

Na visão do autor, a escola é um espaço de pluralidade social, complexa, simbólica e de conteúdos culturais diversificados.

O Estado deve garantir o ensino com qualidade, os professores e gestores devem valorizar a cultura no processo de ensino e aprendizagem sem discriminação, visando à valorização da sua identidade e a do "outro", rompendo os paradigmas dos processos coloniais, cujas culturas dos grupos minoritários eram negadas e desvalorizadas até os dias atuais.

CONSIDERAÇÕES FINAIS

A realidade vivenciada na Amazônia rondoniense com o formato do ensino médio com Mediação Tecnológica precisa passar por replanejamento, com peculiaridades em algumas localidades. Há a necessidade de acompanhamento pedagógico constante dos docentes ministrantes de aula no estúdio de TV, bem como dos docentes presenciais que acompanham os estudantes, de forma que possam sanar os desafios do ensino e do aprender nesse formato tão complexo.

O ensino médio com Mediação Tecnológica vem passando por desafios, e precisa refletir sobre essa modalidade de aprender por meio da tecnologia digital com estudantes que vivem em locais remotos, como no campo e de difícil acesso. Essa metodologia exige dos docentes e discentes dedicação maior e domínio no uso das tecnologias, como aprofundamento teórico e ação prática para que os discentes possam apropriar-se dos conhecimentos necessários à sua cultura, sua realidade regional e formação profissional. O ensino da Arte e demais componentes deve ser de maneira competente, com a seleção de conteúdos importantes que, de fato, promovam uma aprendizagem significativa, interdisciplinar e transversal no campo profissional e no exercício da cidadania.

Nesse cenário tão complexo do ensino mediado com tecnologia, os docentes e equipes pedagógicas devem ter muita clareza quanto aos objetivos do ensino e à seleção dos conteúdos do currículo, bem como reflexão sobre suas práticas, para que a comunidade escolar possa ampliar o universo de conhecimento, devendo despertar a consciência crítica, a *práxis* social e a democrática para melhoria das condições de vida em suas localidades.

REFERÊNCIAS

APPLE, Michael Whitman. **Ideologia e currículo.** Tradução de Vinícius Figueira. 3. ed. Porto Alegre: Artmed, 2006.

BRASIL. **Constituição da República Federativa do Brasil.** Brasília: Senado Federal, 1988.

BRASIL. **Lei de Diretrizes e Bases da Educação Nacional/LDB.** Lei nº 9.396, de 20 de dezembro de 1996 – 6. ed. – Brasília: Senado Federal, Coordenação de Edições Técnicas, 2022. Disponível em: https://www2.senado.leg.br/bdsf/handle/id/572694. Acesso em: 10 nov. 2023.

BRASIL. **Base Nacional Comum Curricular.** Brasília, 2019. Disponível em: http://basenacionalcomum.mec.gov.br/images/BNCC_EI_EF_110518_versaofinal_site.pdf. Acesso em: 15 jul. 2019.

BRASIL. **Lei de Diretrizes Curriculares Nacionais para o Ensino Médio.** Brasília, 2012. Disponível em: http://portal.mec.gov.br/ultimas-noticias/210-1448895310/52931-expansao-de-cursos-a-distancia-em-saude-e-debatida-na-camara. Acesso em: 10 set. 2017.

BRASIL. **Resolução CNE/CEB 2, de 30 de janeiro de 2012**. Disponível em: http://pactoensinomedio.mec.gov.br/images/pdf/resolucao_ceb_002_30012012.pdf. Acesso em: 10 set. 2017.

BRASIL. **Lei n.º 10.639, de 9 de janeiro de 2003**. Brasília, 2003.

CANEN, Ana. Universos culturais e representações docentes: subsídios para a formação de professores para a diversidade cultural. **Educação & Sociedade**, Rio de Janeiro, v. 22, n. 77, p. 207-227, dez. 2001.

FORQUIN, Jean-Claude. **Escola e cultura**: as bases sociais e epistemológicas do conhecimento escolar. Porto Alegre: Artmed, 1993.

GOMES, Nilma Lino. Relações étnico-raciais, educação e descolonização dos currículos. **Currículo sem Fronteiras**, Minas Gerais, v. 12, n. 1, p. 98-109, jan./abr. 2012.

MACLAREN, Peter. **Multiculturalismo crítico**. Tradução de Bebel Orofino Schaefer. São Paulo: Cortez, 1997.

MORAN, José Manuel; MASETTO, Marcos Tarciso; BEHRENS, Marilda Aparecida. **Novas tecnologias e mediação pedagógica**. Campinas: Papirus, 2000.

MORAN, José Manuel. **Mudando a educação com metodologias ativas**. Convergências midiáticas, educação e cidadania: aproximações jovens. São Paulo, 2015. (Coleção Mídias Contemporâneas, v. II).

MOREIRA, Antônio Flavio; CANDAU, Vera Maria. **Multiculturalismo**: diferenças culturais e práticas pedagógicas. 10. ed. Petrópolis: Vozes, 2013.

NEIRA, Marcos Garcia. A prática pedagógica em contextos multiculturais: território de confronto de culturas. *In:* CONGRESSO BRASILEIRO DE CIÊNCIAS DO ESPORTE, 6., CONGRESSO INTERNACIONAL DE CIÊNCIAS DO ESPORTE, 2., 2007, Recife. **Anais** [...] Recife: CBCE, 2007.

RONDÔNIA. **Lei n.º 3.846, de 4 de julho de 2016**. Disponível em: https://doero.jusbrasil.com.br/. Acesso em: 21 jun. 2019.

RONDÔNIA. **Portaria n.º 2.264, 2016**. Disponível em: https://doero.jusbrasil.com.br/. Acesso em: 21 jun. 2019.

RONDÔNIA. **Resolução n.º 095, 2003**. Disponível em: https://doero.jusbrasil.com.br/. Acesso em: 22 jun. 2019.

RONDÔNIA. **Resolução n.º 1.166, 2013**. Disponível em: https://doero.jusbrasil.com.br/. Acesso em: 21 jun. 2019.

SILVA, Tomaz Tadeu da; **Documentos de identidade**: uma introdução às teorias do currículo. Belo Horizonte: Autêntica, 2005.

VALENTE, José Armando. Blended Learning e as mudanças no Ensino Superior: a proposta da sala de aula invertida. **Educar em Revista**: Dossiê Educação a Distância, Curitiba, UFPR, edição especial, n. 4, p. 79-97, 2014.

ZAGONEL, Bernadete. **Arte na educação escolar**. Curitiba: InterSaberes, 2012.

8

ESTRATÉGIAS E MÉTODOS PEDAGÓGICOS NO ENSINO DE RONDÔNIA

Lourismar Barroso

No escopo da educação básica no estado de Rondônia, em que as práticas pedagógicas se evidenciam como um direito e como um componente crucial para o exercício da cidadania, as Ciências Humanas também desempenham um importante papel na medida em que são constitutivas das relações entre os sujeitos sociais.

Os métodos de ensino e as ações pedagógicas das diversas disciplinas configuradas em textos de livros e aplicadas em sala de aula, por meio do cruzamento de fontes iconográficas e escritas, materializam uma concepção da construção que possibilita aos estudantes e professores praticarem uma reflexão sobres suas práticas pedagógicas voltadas para a construção da cidadania, o que muitas vezes não ocorre com a prática tradicional centrada no professor e em suas aulas expositivas. Muito embora estejamos percebendo que o nível de alienação política do professor tradicional e a sua precária formação escolar o impede de refletir sobre o sentido da sua prática pedagógica, muitas vezes ele não sabe para que, nem para quem está "ensinando".

Dessa forma, fazer um parâmetro entre o ensino e as práticas ganhou preocupação no decorrer da prática exercida dentro e fora da sala de aula ao longo de décadas de magistério. Buscando uma análise a respeito das disciplinas e suas aplicabilidades, levou-se a uma reflexão quanto aos ensinamentos e o que de fato os estudantes podiam absorver da teoria e prática aplicadas pelos professores dentro e fora da sala de aula.

Visando a uma prática de ensino mais lúdico, o professor deveria ser como o sujeito que recolhe os entulhos que a sociedade relega ao esquecimento. Sua tarefa deveria consistir em apropriar-se dos restos condenados ao lixo e deles fazer a matéria-prima de sua labuta. (Walter Benjamin)

Todas as disciplinas dão oportunidades aos estudantes de conhecerem. Segundo Lucien Febvre (1992, p. 328), faz-se história, sem dúvida, com documentos escritos, quando eles existem, e até mesmo na sua falta ela pode e deve fazer-se. Por meio de tudo do que a engenhosidade do historiador pode lançar mão para fabricar seu mel, na falta de flores usuais.

> Portanto, por meio de palavras e sinais; de paisagens e pedaços de argila; das formas de campos de ervas daninhas; dos eclipses da lua e das coleiras de parelha; da perícia de pedras feitas por geólogos e da análise de espadas metálicas por químicos. Em suma, por meio de tudo o que, pertencente ao homem, depende e está a serviço do homem, exprime o homem, significa a presença, a atividade, as preferências e as maneiras de ser do homem. (FEBVRE, 1992, p. 328).

Buscando um olhar historiográfico sobre a educação em Rondônia, percebemos que o modelo tradicional de ensino visa à formação propedêutica[3], as disciplinas escolares adotam como referência os conhecimentos produzidos pela ciência, que, muitas vezes, buscam a verdade em si e para si, nesse universo conceitual autocentrado, os conhecimentos escolares resultam desconectados das realidades que a própria ciência ajuda a construir.

É nessas perspectivas que o conhecimento escolar não deveria ter apenas o conhecimento científico como saber de referência, incluindo nesse contexto fontes de conhecimento de diversas práticas sociais e culturais, como aula ao ar livre; visita a museu, parque, cinema e bosques; aula de educação patrimonial e práticas de campo.

---

[3] De modo geral, a propedêutica refere-se ao aprendizado prévio de uma matéria ou disciplina. Ela pode ser ministrada na forma de um curso ou parte de um curso introdutório de disciplinas que supram a necessidade básica de um conhecimento mínimo de determinado assunto.

Nenhuma dessas perspectivas pode deixar de considerar a importância dos saberes advindos das disciplinas científicas, uma vez que nosso modelo de sociedade está organizado fundamentalmente pelas referências dos conhecimentos científicos e tecnológicos. Negar o direito do educando a esses conhecimentos significaria, portanto, negar-lhe o direito à vida socialmente organizada.

Na história da educação, quando se buscam melhorias dos processos de ensino e aprendizagem tendo em vista uma melhor compreensão da realidade e dos conteúdos culturais, a questão da integração curricular tem se colocado como uma possibilidade pensada com base em diferentes pressupostos educativos e pedagógicos.

Se fizermos uma revisão das práticas de ensino no estado de Rondônia, veremos que sua origem esteve pautada em critérios educativos que não pressupunham conduzir ao isolamento em disciplina. Ao contrário, a unidade do desconhecimento, desde os primeiros filósofos até meados do século XIX, foi o princípio organizador dos diferentes currículos, cuja educação deveria garantir o desenvolvimento da pessoa com uma formação integral ou global, física, intelectual e espiritual.

Foi pensando nessa ideia que trouxemos para esta obra as práticas de algumas disciplinas executadas no Ensino Médio de Rondônia, em especial o Projeto Ensino Médio Mediado por Tecnologia. Nesse caso, podemos perceber que quanto mais a disciplina se diversifica, mais ela se distancia da realidade humana. Nas cidades, o espaço da vida se converte num território neutro e universalizado, o que faz com que o indivíduo se dissocie de sua essência humana. No campo, ele trabalha com uma realidade diferente da sala de aula.

Vivemos em meio a uma enorme quantidade de conhecimentos especializados (que sabem de quase tudo sobre quase nada), facilmente disponíveis (meio de comunicação, internet, Google, Wikipédia, biblioteca etc.). No entanto, encontramo-nos totalmente alienados e inseguros diante das questões fundamentais das nossas vidas pessoal e coletiva.

Com professores formados em diversas áreas de conhecimento, suas direções foram projetadas sob a hegemonia do positivismo e do mecanismo das ciências, que fragmenta as ciências nos seus respectivos campos; tendemos a mantê-las não só como fragmentos isolados no currículo, mas também a hierarquizá-las.

O processo de conhecimento que envolva a interdisciplinaridade das áreas deve expressar o potencial de aglutinação, integração e interlocução de campo de saber, ampliando o diálogo entre os componentes, com consequências perceptíveis pelos educandos e transformadoras da cultura escolar rígida e fragmentada.

Para isso, o princípio da historicidade do conhecimento pode contribuir, pois o trabalho pedagógico fecundo ocupa-se em evidenciar, junto aos conceitos, as razões, os problemas, as necessidades e as dúvidas que constituem o contexto de produção de um conhecimento. Sendo assim, a interdisciplinaridade torna-se mais que um método.

Nos últimos anos temos acompanhado o dia a dia dos professores nas escolas públicas de Rondônia, com suas aulas repetitivas e monótonas, são muitas vezes obrigados a seguir um cronograma estabelecido ainda na semana pedagógica do início de todo o ano letivo, em que tudo parece ser flexível pelas instituições, mas não é! Tendo que usar "todo" o livro que foi adotado pela instituição. Nesse conceito de exigência e regras, não há um mecanismo que possa avaliar a autoestima dos discentes, uma forma de incentivá-los ou gerar prazer para que continuem frequentando o ambiente de ensino.

O que temos presenciado, muitas vezes, é que o planejamento exigido por lei serve apenas para cumprir horário, conforme a legislação vigente estadual, não chegando a contemplar uma nova forma de abordagem de ensino, o horário de planejamento serve apenas para correções de caderno, bate-papos e alguns preparativos de atividades ou provas para os dias subsequentes, o que nos deixa muitas vezes estáticos quanto ao método de ensinar. Talvez se os docentes tivessem um acompanhamento pedagógico que colaborasse com ideias e incentivos poderiam ter um novo olhar para a educação.

Quero lembrar que, desde quando o método de ensino foi estabelecido ainda no primeiro império por D. Pedro I, pouca coisa mudou.

> A partir da Lei de 20 de outubro de 1823, já no Primeiro Reinado, a qual dava plenos direitos a qualquer cidadão de abrir uma escola elementar sem obrigações de exame, licença ou autorização, incentivando assim a criação de escolas particulares. E também por meio da Constituição de 1824, na qual o Imperador D. Pedro I estabelece a instrução primária gratuita aos cidadãos do Império. Um dos objetivos da educação, naquele momento, era contribuir para afirmação das identidades nacionais, legitimando o poder político vigente. Em 15 de outubro de 1827 foi decretada a primeira Lei de Instruções Pública conhecida como Decreto das Escolas de Primeira Letra, o que se configurou em uma tentativa formal de organização da instrução primária. (AGUIAR, 2015, p. 30).

Portanto, poucos são os professores que ousam desafiar a educação, os que de fato pensam diferente e agem diferente, como menciona Cunha (1989, p. 67), de que:

> [...] o professor se educa na prática da educação é fundamental para reorientar a pesquisa e a ação daqueles que se envolvem com a área. A concepção de ensino e as práticas realizadas pelo professor certamente terão de ser diferenciadas conforme os objetivos se direcionam à internalização ou à conscientização.

Portanto, esse grupo de professores vem crescendo a cada ano, com sua forma de transmitir e prender a atenção dos seus estudantes, tudo em nome de um ensino de qualidade, com métodos que possam atrair os olhares e aguçar a curiosidade. Nesse caso, quero lembrar que todas as formas de ideias são aceitas, desde que no final possamos ter um resultado satisfatório, como já mencionava Freire:

> Se o professor tradicional está alienado em relação a suas próprias condições de trabalho e não luta para modificar essa realidade, é muito provável que ele também não tenha amadurecido, em sua consciência, para a necessidade de transformar a sociedade em que vive. Acreditando estar prestando uma grande contribuição à educação do país, apenas reproduz

> os conteúdos dos livros didáticos quase sempre anacrônicos e enviesados. (FREIRE, 2015, p. 38).

Como a educação é um ofício, é ser professor, é ter qualificação e habilidades para tal, não é qualquer pessoa que tem afinidade para ensinar, transmitir e repor conhecimentos. A paciência e o desejo de despertar no estudante curiosidades são valores relevantes para um futuro profissional. Mesmo sabendo da importância da educação, nosso Imperador D. Pedro II deixou registrado seu sentimento sobre a educação ao falar:

> Em visita realizada em 28 de abril de 1858 ao Colégio Calógeras, quando demonstrou sua inclinação para mestre-escola e, anos mais tarde, diante do manifesto republicano ocorrido em 1870, quando afirmou ao Marquês de São Vicente: se os brasileiros não me quiserem para seu Imperador, irei ser professor. (AGUIAR, 2015, p. 126).

O sentimento expresso pelo imperador nos enche o peito de orgulho em saber que sua majestade, o imperador do Brasil, tinha inclinação para lecionar, quem diria! Afinal, D. Pedro II era um estudioso nato e disciplinado, poliglota, amante das Ciências Naturais, conhecia o mundo por meio da leitura, também viajava com seus próprios recursos, fazia empréstimos para realizar suas viagens particulares. Foi D. Pedro II que inaugurou oficialmente as viagens pagas à prestação no Brasil, isso mesmo! sem ter que pedir ajuda para o parlamento brasileiro, muito menos escoltas para suas viagens. Patrocinava estudos e incentivava outras pessoas com suas invenções, como foi o caso de Graham Bell sobre o telefone: D. Pedro II comprou o primeiro telefone do mundo inventado pelo inglês de Edimburgo.

AMBIENTES VIRTUAIS

Chegamos ao século XXI, percebemos que os estudantes preferem se socializar pela internet e obter as informações de que precisam quase sempre on-line. Sua relação com a realidade já não é a mesma vivida há alguns anos por seus pais e professores. Sua maneira de se comunicar com o mundo é completamente distinta e, como consequência, sua forma de aprender mudou. Isso implica a necessidade de outras mudanças também na forma de ensinar, afinal o processo de aprendizagem contínua envolvendo a comunicação entre o professor e os estudantes, falar a mesma linguagem usada há anos não surtirá os mesmos efeitos hoje em dia.

Dessa maneira, temos acompanhado a tecnologia ganhando a preferência das crianças, adolescentes e jovens de todas as faixas etárias. Não vemos mais brincadeiras com brinquedos convencionais, artesanais ou até mesmo aqueles feitos à mão por crianças de outrora. Estamos presenciando uma geração que troca um bom livro por um aparelho celular, que ganha sua atenção com aplicativos interessantes, uma atenção que foi um dia exclusivamente dos livros, que mesmo resistindo aos avanços tecnológicos buscaram se consolidar pelos e-books, uma maneira de leitura por meio das telas de tablets e smartphones.

As escolas estão tendo que se adaptar para driblar as dificuldades vividas atualmente pela forma de pensar dos seus estudantes. Em muitos casos, as videoaulas pela internet estão substituindo o professor, a sala de aula e o próprio espaço de convivência; criaram-se então ambientes e aulas virtuais pelos quais se prendem em seus mundos particulares. Dessa forma, cabe ao professor propor desafios às suas turmas, já que isso gera engajamento e motivação do que os exercícios rotineiros. Com essa inovação cibernética, alguns estudantes estão ficando cada vez mais apáticos, alienados[4], sem senso crítico, sem debates e discordância em torno de uma temática aplicada em sala de aula. Por outro lado, temos estudantes que sabem conciliar o mundo virtual com o mundo real.

---

[4] Leôncio Basbaum, historiador e médico, apresenta-se como um dos mais radicais marxistas, e procurou definir o conceito de alienação sob o prisma da psiquiatria. Assim, afirma que "originalmente e ainda hoje a alienação é um termo que designava uma forma de perturbação mental, como a esquizofrenia, uma perda da consciência ou de identidade pessoal" (FREIRE, 2015, p. 13).

Os registros de visitas nas bibliotecas das escolas caíram drasticamente, seus acervos ficaram ultrapassados, obsoletos, com ambiente mal refrigerado, espaço muitas vezes apertado e mal-arranjado, e em alguns casos esse espaço foi suprimido, dando lugar a mais uma sala de aula.

Na contramão tecnológica, as salas de informática têm seus computadores desatualizados, muitas sem um profissional habilitado para esse fim, outras foram desativadas, perdem a concorrência para o celular de última geração comprado pelo estudante e pago em longas e suaves parcelas, tudo isso para estar conectado com o mundo. Estando totalmente fora do contexto social e da concorrência imposta pela sociedade, nossos estudantes não absorvem o que é certo ou errado. Nesse caso, vale lembrar que nem tudo que está registrado na internet é verdadeiro, é preciso haver senso crítico quanto aos assuntos expostos nas plataformas, nesse sentido é preciso participar de discussões relevantes para seu crescimento intelectual, ter o discernimento seria apenas o mínimo possível.

ENSINO MÉDIO MEDIADO POR TECNOLOGIA

Foi pensando nesse conjunto de problemas relatados que os professores do Projeto Ensino Médio Mediado por Tecnologia da rede estadual de ensino, buscando obter a atenção dos estudantes, passaram a criar aulas diferenciadas com o projeto implantado pela Secretaria Estadual de Educação do governo de Rondônia.

O projeto atende hoje 5.587 estudantes (2022), sendo 115 escolas em todo o estado, com 350 turmas. Para uma boa educação, o professor faz referência que:

> Educar é mostrar a vida que ainda não viu. O educador diz: "Veja!" - e, ao falar, aponta. O aluno olha na direção apontada e vê o que nunca viu. O seu mundo se expande. Ele fica mais rico interiormente. E, ficando mais rico interiormente, ele pode sentir mais alegria e dar mais alegria - que é a razão pela qual vivemos. Vivemos para ter alegria e para dar alegria. O milagre da educação acontece quando vemos um mundo que nunca se havia visto. (ALVES, 2015, p. 110).

As aulas passaram a adotar uma interatividade, com dinâmicas diferenciadas pelos professores do Projeto Ensino Médio Mediado por Tecnologia. Ao serem gravadas em estúdio, são transmitidas em tempo real para os 52 municípios do estado de Rondônia. Cada disciplina tem a composição de dois professores, enquanto um administra e expõe o conteúdo, outro responde os alunos no chat, tirando as possíveis dúvidas, caso haja.

Figura 2 – Ensino médio Mediado por Tecnologia

Fonte: acervo pessoal

OS COMPONENTES CURRICULARES

O componente curricular de História Geral é ministrado pelos professores Lourismar Barroso e João Herbety, que, após um levantamento dos temas do plano curricular do estado de Rondônia, selecionaram os temas e dali prepararam as aulas, além dos planos e instrumentais.

Em especial na disciplina de História, os professores passaram a usar um figurino temático que retrata o personagem histórico ali abordado, dessa maneira o professor reforça as relações entre o assunto/personagem para os estudantes, que têm representadas necessidades que corroboram o panorama atual da educação, que contradiz o método adotado no ensino da história no Brasil, quando as escolas públicas e privadas adotam como resultado metodológico uma história factual e elitista, reforçando assim o ensino tradicional.

Doutorando em Educação, Barroso desenvolveu por meio de suas aulas temáticas televisivas uma proposta fora do espaço da sala de aula, com utilização de recurso tecnológico, buscando engajar seus estudantes nas atividades acadêmicas.

Para o professor, os resultados foram gerados de forma positiva em suas aulas, o que fez com que os estudantes ficassem confiantes e se sentissem mais à vontade, mais motivados e mais atraídos à didática adotada, procurando incentivar discussões com a turma que permitam aos estudantes expressar suas opiniões, suas ideias e demonstrar seus pontos de vista com relação às mudanças necessárias na didática, no ambiente físico da escola, na estrutura, na gestão, nos funcionários e no funcionamento geral da escola. Inicialmente essa postura repassada pelo professor pela televisão parece não ter relação com o ensino dentro da sala de aula. Vale lembrar que quando o estudante se sente mais útil até mesmo o aprendizado é impactado positivamente, como ressalta Freire:

> O método tradicional de ensino concentrado na aula expositiva e no professor, apresenta frequentemente uma concepção de História "acabada", que nega o caráter provisório do conhecimento e exclui a realidade do aluno, estabelecendo uma ruptura entre a história ensinada e a História vivida por ele, no presente. (FREIRE, 2015, p. 47).

A adoção desse novo método no componente curricular de História acabou contagiando os demais componentes curriculares dentro do Projeto Ensino Médio Mediado por Tecnologia, que se viram na obrigação de seguir na mesma linha de atuação, buscando, assim, interagir melhor com os estudantes. Segundo Barroso (2018), o bom professor na visão dos estudantes é aquele que incentiva e utiliza os recursos tecnológicos em sua didática, bem como apresentar-se aos estudantes com um papel de orientador e tutor, e não somente de alguém que transmite conhecimentos. Com hábitos cada vez mais corridos, os estudantes ficam facilmente entediados, desfocados e desmotivados dentro da sala de aula. Assim, é igualmente interessante para um estudante que o professor consiga trabalhar de forma inovadora, propondo atividades diferentes, cujo papel dos estudantes seja o mais ativo possível.

Para que esse método de aula temática possa dar certo, é necessário que o professor aponte seus resultados, ganhe a confiança dos estudantes, inove nas aulas ministradas e esteja atualizado sobre as expectativas dos estudantes. Além disso, deve conseguir equilibrar os interesses da escola com suas tarefas como professor, sabendo lidar com dificuldades que possam ser enfrentadas de acordo com características da escola, como: orçamento, interesses políticos, oferta de mão de obra, infraestrutura e materiais disponíveis.

Figura 3 – Ensino de História mediado por tecnologia

Fonte: acervo pessoal

Dessa maneira, cada aula tem um atrativo diferente que gera no estudante um suspense contínuo, sem querer saber qual será o personagem da próxima aula. Para o estudante, fica fácil assimilar o assunto contado pelo próprio autor dos fatos.

Em resposta a esse método, Lourismar explica que:

> Esse era o meu desejo de um dia colocar em prática as experiências vividas em sala de aula. Quando começou esse projeto Mediação Tecnológica, passei a postar as imagens na minha rede social como Facebook, Fan Page e Instagram, logo percebi as pessoas curtindo, compartilhando e comentando as imagens. Foram várias as mensagens de incentivos e admiração pelo papel ali exercido. Colegas professores se diziam entusiasmados com o que eu estava fazendo e me pediram permissão para poder copiar o meu método de ensino.

Outra característica importante do professor é saber avaliar o seu desempenho, no sentido de que sejam possíveis futuras modificações positivas para o processo de aprendizagem. As responsabilidades do professor superam em muito a simples função de transmitir conhecimento, uma visão simplista da importância da figura do docente no ambiente escolar. Com criatividade e ousadia, não temos que ter medo de achar que estamos "bancando o ridículo", pois para prender os olhares dos nossos estudantes é necessário mais que isso, ser palhaço se preciso for, mas sempre com a responsabilidade voltada para o ensino de qualidade, pois sabemos que muitos colegas professores não terão essas mesmas aptidões para o teatro, mas é necessário recriar o que já está saturado e ultrapassado pelo tempo.

Para criar e ministrar aulas melhores e mais interessantes para os nossos estudantes, é preciso conhecer os problemas do ensino, bem como as dificuldades e virtudes de um bom professor.

Vale ressaltar que compartilhar conteúdo on-line é uma maneira de manter seus estudantes em contato com as ferramentas tecnológicas, motivando-os e engajando-os nas atividades diárias. A criação de recurso on-line para compartilhar informações, sugestões e novidades da sala, como blogs, sites e páginas em redes sociais, é também uma alternativa de reforçar as relações entre estudantes e professores. Quero lembrar o que afirma Rubem Alves:

> A educação não é o domínio de uma soma de conhecimentos. Conhecimentos podem ser mortos e inertes:

> uma carga que se carrega que não serve para nada e que nem dá alegria; casca dura de piruá. Quando o conhecimento é vivo, ele se torna parte do nosso corpo: a gente brinca com ele e se sente feliz no brinquedo. A educação acontece quando vemos o mundo como um brinquedo, e brincando com ele como uma criança brinca com a sua bola. O educador é um mostrador de brinquedos... (ALVES, 2015, p. 13).

O relacionamento no ambiente virtual é fundamental para que o professor consiga estreitar laços com os estudantes. Todavia, a grande questão não é pura e simplesmente estar presente no espaço on-line, mas também saber se comportar e estabelecer limites para que a barreira entre o profissional e o pessoal não seja quebrada, prejudicando o relacionamento e até a imagem do professor diante de estudantes, pais e escola.

O professor da disciplina pode aproveitar tudo o que o ambiente virtual tem a oferecer sem correr o risco de colocar a relação com os estudantes e mesmo a própria reputação a perder, é essencial que o professor saiba administrar bem a relação com estudantes e pais em perfis pessoais nas redes sociais. O recomendável, assim sendo, é controlar as configurações de privacidade das contas pessoais, estabelecendo a que tipo de publicações os estudantes e pais podem ter acesso, para lidar com demandas da escola.

Os figurinos pensados e adotados pelo professor para as aulas de história são recriados com ricos detalhes, tudo para parecer o mais real possível, a ponto de confundir quem está assistindo do outro lado da tela. O modelo das roupas é pesquisado na internet, depois vai para um ateliê para ser confeccionado, e após a aprovação o personagem está pronto para entrar em ação. Para termos uma educação de qualidade voltada para números, estatística e responsabilidade social, faz-se necessário reinventar para educar, por isso o professor tem que buscar atualizar-se no sentido de aprimorar técnicas para interligar a disciplina aos acontecimentos gerais recentes, sendo uma maneira de prover maior conhecimento e fornecer um aprendizado mais robusto e interdisciplinar. Por isso, estando conectados aos acontecimentos diversos, possamos pesquisar materiais inovadores no ambiente acadêmico, busquemos estratégias já validadas por outros profissionais para propor atividades que abranjam áreas inerentes à disciplina ministrada.

De olho nesses critérios, fica mais fácil usar a web para estimular o aprendizado e estreitar o relacionamento com os estudantes dentro dos papéis de cada um: de um lado o professor, que, apesar de não ser mais a única fonte de conhecimento, é alguém com experiência e senso crítico com quem os estudantes sabem que pode contar para traçar seus caminhos; e de outro o estudante, com a habilidade de explorar todas as fontes on-line cuidadosamente e ciente de que o professor está ali para ajudá-lo e apoiá-lo em seu crescimento intelectual.

COMPONENTE DE MATEMÁTICA

A Matemática deve ser compreendida como uma disciplina em que o avanço se dá por meio dos conhecimentos adquiridos anterior e diariamente na vida de todos, e transformados em conceitos. A relação do cotidiano com o conteúdo a ser discutido em sala de aula é um fator fundamental em qualquer que seja a disciplina. Os Parâmetros Curriculares Nacionais afirmam que, seguindo essa linha de pensamento, o aluno será capaz de contribuir na comunidade onde está inserido.

Os professores de matemática deste projeto facilitam a aprendizagem das exatas por meio de dinâmicas inseridas nos conteúdos ministrados com prática de exercícios e fixação do conteúdo com mapa conceitual, além de sempre acrescentarem pelo menos uma questão voltada para o Enem para que assim o aluno se habitue com o estilo tanto do Enem quanto dos demais concursos.

A relação dos conteúdos matemáticos com o cotidiano dos alunos pertencentes ao programa de ensino presencial por mediação tecnológica faz com que apliquem melhor os conceitos adquiridos nas aulas na sua localidade, pois o raciocínio lógico-matemático pode ajudar não só na matemática, mas também em todas as áreas do conhecimento estudantil dos alunos.

É pelo nivelamento feito nas primeiras aulas de cada série do Ensino Médio que os professores procuram tirar o misticismo e o paradigma da disciplina de Matemática como sendo a "mais difícil do componente curricular" e a que mais traumatiza os alunos. No nível matemático o aluno aprende a base matemática com dicas e macetes pesquisados e cuidadosamente selecionados. No final de cada ano é feita uma gincana com jogos de raciocínio lógico, simulados e atividades que conquistem a confiança dos alunos para que possam aplicar o que aprenderam durante as aulas, fazendo assim com que o aluno goste da disciplina.

COMPONENTE DE EDUCAÇÃO FÍSICA

As aulas do componente curricular Educação Física para o ensino médio no projeto Mediação Tecnológica da Seduc-RO são ministradas por professoras graduadas em Educação Física (licenciatura plena). As aulas são planejadas em conformidade com o Referencial Curricular do Estado de Rondônia e são ofertadas aos estudantes de forma teórica e prática.

Cada aula tem em sua metodologia uma sequência didática e pedagógica para o ensino dos conteúdos teóricos e práticos, que contribui diretamente para o desenvolvimento de saberes e/ou aprendizagens significativas e inovadoras, bem como desenvolve o senso crítico, cidadania e autonomia do estudante. Por exemplo, por meio das atividades extraclasse os estudantes são desafiados a relacionar e aplicar os conhecimentos adquiridos na sua comunidade e no seu dia a dia.

Além disso, as aulas teóricas são ministradas ao vivo pela tecnologia dos estúdios, com atendimento on-line e imediato via *chat*, e o desenvolvimento de atividades interativas ao vivo com os estudantes. As aulas práticas, em total consonância com os conteúdos teóricos, são ministradas aos estudantes *in loco*, pelos professores presenciais de Educação Física designados pelas Coordenadorias Regionais de Educação (CREs) em cada polo da Mediação Tecnológica do estado de Rondônia.

Para tanto, os professores presenciais de Educação Física recebem das professoras ministrantes orientações didáticas com sugestões acerca do desenvolvimento das aulas práticas de Educação Física, em conformidade com as necessidades e realidades dos estudantes. As orientações didáticas são gravadas no formato de vídeo pelas professoras ministrantes e disponibilizadas na forma de link aos professores presenciais de Educação Física para que tenham acesso ao canal da Mediação Tecnológica de Rondônia no YouTube.

Com relação aos resultados, cabe salientar que além da aceitação, interesse e motivação dos estudantes com as aulas, o componente curricular Educação Física tem se mostrado cada vez mais relevante e evidente para a promoção da saúde, qualidade de vida, prevenção de doenças e autonomia para prática de atividade física fora do ambiente escolar.

Ademais, no que diz respeito às competências e habilidades do componente curricular Educação Física para o ensino médio, avaliadas no Exame Nacional do Ensino Médio (Enem), o maior legado desse componente curricular para os estudantes do ensino médio com Mediação Tecnológica refere-se ao fato de que os conteúdos da Educação Física, propostos para o 1º, 2º e 3º ano do ensino médio, apresentam-se contextualizados e abordam de forma satisfatória as habilidades já avaliadas em aproximadamente 57 questões do Enem, referentes às aplicações dos anos 2009 a 2017.

COMPONENTE DE QUÍMICA

Aprender Química é se envolver num apaixonante estudo das substâncias ao nosso redor, de onde vêm, quais suas propriedades, que utilidades têm e quais as vantagens ou os problemas que eventualmente podem trazer à humanidade. Está muito ligada ao nosso dia a dia nos alimentos, medicamentos, construções, plantas, combustíveis etc. Tudo o que existe no Universo é formado por química.

Química é uma disciplina obrigatória no currículo do ensino médio e os professores de Química deste projeto trabalham os conteúdos de acordo com o Referencial Curricular de Rondônia, tendo embasamento teórico nos Parâmetros Curriculares Nacionais.

A dinâmica das aulas é sempre abordando a Química no cotidiano do aluno, trazendo exemplos simples do seu dia a dia, experimentos e questionamentos para instigá-lo a pensar criticamente, a compreender como se faz ciência e que a Química está relacionada com a melhoria da qualidade de vida do ser humano.

Para melhorar a aprendizagem são trabalhados exercícios e fluxogramas, além de sempre abordar uma questão do Enem. Ao final de cada aula, ainda é levada para o estudante uma "curiosidade do dia", tornando a disciplina mais atrativa e cativante. No final de cada ano é proposta uma atividade extraclasse, a qual é: experimentos e júri químico.

COMPONENTE DE INGLÊS

As aulas dessa disciplina buscam evidenciar a língua inglesa como instrumento de acesso a informações e a outras culturas e grupos sociais.

Saber outra língua pode ser o diferencial na hora de conseguir um bom emprego — aprendem-se coisas novas, mantém-se a mente ativa e traz bem-estar. Estudando outro idioma, desenvolve-se maior habilidade com linguagens no geral, inclusive compreende-se melhor construções e significados na língua portuguesa.

As aulas de Língua Inglesa procuram levar o aluno a perceber a própria cultura por meio do conhecimento da cultura de outros povos, entendendo a diversidade linguística e cultural, a biodiversidade e a necessidade da preservação do meio ambiente.

Encorajam a reconhecer a importância da interação dos diferentes povos na globalização e na pós-modernidade, possibilitando o respeito da diversidade social e o exercício da cidadania. Possibilitam o reconhecimento e a utilização dos mecanismos de estruturação da língua inglesa de forma apropriada em diferentes contextos.

"Dominar uma segunda Língua é possuir uma segunda alma" (Carlos Magno).

COMPONENTE DE LÍNGUA PORTUGUESA

O componente curricular de Língua Portuguesa vem embasado na ementa oficial da disciplina: Literatura, Gramática e Produção de texto, que busca despertar no aluno o interesse pela leitura, oralidade e escrita, interceder no aperfeiçoamento das habilidades, competências e experiências que envolvam conhecimentos teóricos e, principalmente, práticos, bem como ser um indivíduo confiante, articulado, perspicaz, com desenvoltura, conhecimento, argumento e criticidade etc.

As aulas de Português são dinamizadas com planejamento responsável, articuladas com visitas que somam e adereços complementares.

Leitura e literatura na escola: o incentivo à leitura é uma das grandes preocupações das professoras ministrantes: Pura Moreno Domingues e Juliana Oliveira Rezende Bassani n.º Fachin (2003), em seu relato de experiência, afirma que atividades relacionadas à leitura nos tornam conscientes da existência de uma infinidade de livros sobre diversos temas, gêneros e estilos. A leitura tem como função ser informativa ou recreativa, e seu objetivo é formar cidadãos críticos. Pereira (2006, p. 22) afirma que "o mais importante é a leitura acrescentar novas visões de mundo, novas experiências e informações à bagagem do leitor".

Práticas pedagógicas: "Hora de produzir" e "Clube de Leitura" foram implantadas de forma significativa para desenvolver as competências como leitores, bem como aprimorar as produções textuais. Tais práticas são compromissos do trabalho escolar envolvendo a linguagem.

A prática pedagógica denominada "Hora de produzir" é um atrativo pedagógico na rotina escolar do estudante, campo esse que ativa a imaginação dos alunos, em que colocam a "mão na massa" nas produções de tipos e gêneros textuais (em sua amplitude).

Tem como objetivo: incentivar o hábito da leitura e da escrita; incentivar o aluno para a pesquisa; incentivar a produção textual escrita; promover o desenvolvimento da capacidade de se expressar de cada aluno, por meio da leitura em voz alta e apresentação dos textos selecionados; e ter desenvoltura para declamar ou dramatizar.

Funciona com uma revisão literária/textual de gêneros textuais, concentra-se em portfólios de ensino, organizados de forma a revelar evidências sobre a (re)elaboração de estratégias de produção textual. O portfólio é um instrumento para o estudante fazer sua coletânea de trabalhos.

Kish *et al.* (1997) referem-se ao portfólio como uma possibilidade de nutrir o pensamento reflexivo do estudante, facilitando a análise e o debate, promovendo, dessa forma, um processo de conscientização por meio do autoquestionamento sobre os registros de uma ação empreendida e catalogada organizadamente.

O portfólio é organizado individualmente, em pasta tipo fichário, o que possibilita um acompanhamento sequencial e comparativo das produções catalogadas de diferentes gêneros por datas e conteúdos numa ordem progressiva.

O "Clube de Leitura"

A segunda prática, o "Clube de Leitura", tem por objetivo promover o hábito da leitura de diferentes gêneros literários, levando o discente a exercitar sua competência leitora na escolha do texto e na leitura silenciosa, e a ativar e potencializar sua capacidade de expressão na leitura em voz alta (oralidade).

O "Clube de Leitura" é o nosso diferencial, no qual sugerimos seis obras em PDF para que possam ter contatos com autores, títulos e estilos variados.

Nas aulas de Língua Portuguesa tornou-se quase padrão utilizar o ícone "Clube de leitura" a fim de interagir fazendo chamamento do autor e obra, apresentar uma curiosidade sobre a obra proposta em cada unidade de estudo.

Estratégias: os trabalhos direcionados para as práticas "Clube de Leitura" e "Hora de Produzir" são dinamizados a cada aula.

No final de cada unidade acontece a socialização da leitura da obra indicada no "Clube de Leitura" com atividade interativa no *chat* e na roda de conversa literária em sala.

Os estudantes, com o professor presencial, organizam um sarau literário, no qual são apresentadas todas as produções textuais do portfólio, como poesias, músicas, pinturas, bem como as obras do "Clube de Leitura" apresentadas em dramatizações, encenações (teatro) e outros.

Duração: correspondente a um ano letivo, envolvendo as disciplinas de Língua Portuguesa e demais, interdisciplinarmente.

COMPONENTE DE ARTE

As aulas dessa disciplina buscam, entre as várias competências, despertar nos alunos a habilidade de desenvolver constantemente a leitura do mundo do universo textual e das manifestações artísticas que circulam na sociedade.

A importância de compreender a arte como saber cultural e estético gerador de significação e integrador da organização do mundo e da própria identidade.

O incentivo para a realização de produções artísticas, individuais e/ou coletivas, nas linguagens da arte (música, artes visuais, dança, teatro, artes audiovisuais), bem como apreciar produtos de arte, desenvolvendo tanto a fruição quanto a análise estética.

A análise, reflexão e compreensão dos diferentes processos da Arte, com seus diferentes instrumentos de ordem material e ideal, como manifestações socioculturais e históricas.

O despertar para conhecer, analisar, refletir e compreender critérios culturalmente construídos e embasados em conhecimentos afins, de caráter filosófico, histórico, sociológico, antropológico, semiótico, científico e tecnológico, entre outros.

Por fim, estudar Arte leva o estudante a analisar, refletir, respeitar e preservar as diversas manifestações de Arte — em suas múltiplas funções —, utilizadas por diferentes grupos sociais e étnicos, interagindo com o patrimônio nacional e internacional, que se deve conhecer e compreender em sua dimensão sócio-histórica.

Despertando o respeito às diferenças, contribuímos para uma sociedade melhor.

"A vida imita a arte muito mais do que a arte imita a vida" (Oscar Wilde).

COMPONENTE DE NBAZ

O componente NBAZ é ofertado aos 1º e 2º anos do ensino médio como forma de levar um ensino de qualidade aos estudantes com realidade de vida e trabalho no campo. Sempre contextualizando a vivência desses estudantes e as necessidades atuais da vida no campo.

Os professores desse componente estão em constante estudo e atualização de informações referentes a situações da agropecuária do Brasil, em especial do estado de Rondônia. Sempre levando aos estudantes informações da atualidade.

O estudo da NBAZ leva em consideração a agroecologia englobando técnicas ecológicas de cultivo com sustentabilidade social. Incorporando fontes alternativas de energia, é uma preocupação a sistematização de um modelo tecnológico socialmente justo, economicamente viável e ecologicamente sustentável.

A NBAZ aborda os processos agrícolas de maneira ampla, visando maximizar a produção e a otimização de um agroecossistema — incluindo seus componentes socioculturais, econômicos, técnicos e ecológicos. E orienta a utilização de agrotóxicos de forma a não prejudicar a saúde do ambiente e, consequentemente, a do homem. Além de considerar o melhoramento genético, a reprodução e a nutrição animal como destaque positivo para uma produção de qualidade.

O componente NBAZ valoriza e estimula:

- a criação de cooperativas;
- o agronegócio;
- os princípios da agroecologia;
- a agricultura e pecuária familiar;
- os conhecimentos de agricultura e pecuária das populações tradicionais;
- o extrativismo consciente.

COMPONENTE DE FILOSOFIA

A Filosofia é uma área do conhecimento que se faz presente na vida de todos os seres humanos. Vez ou outra todos nós procuramos encontrar uma resposta para uma pergunta inquietante, que nos tira do nosso comodismo e nos faz analisar a vida de outra maneira. E é nessa maneira de analisar a vida que o pensar filosófico se faz presente. Quando tentamos encontrar uma resposta para determinada pergunta, podemos dizer que estamos filosofando.

Como se sabe, a origem da Filosofia se deu na Grécia Antiga, por volta do século VII a.C., com os chamados filósofos pré-socráticos. Eles tinham como objetivo tentar descobrir qual seria a *arché* (elemento primeiro), que deu origem a todas as coisas. No entanto, ela não permaneceu só nessa pergunta. No decorrer dos séculos, ela começou a analisar outros fatos da vida humana e outras perguntas foram surgindo, e para cada uma dessas perguntas havia várias respostas para tentar respondê-las.

O pensar filosófico é essencial para o aluno desenvolver algumas características fundamentais das quais ele poderá utilizar tanto em sala de aula quanto em sua vida.

COMPONENTE DE FÍSICA

Desde os PCN, a presença do conhecimento de Física na escola média passou a ter um novo sentido: o de construir uma visão da Física voltada para a formação de um cidadão participativo, com instrumentos suficientes para compreender, intervir e participar na realidade. A Física deve apresentar-se, portanto, como um conjunto de competências específicas que permita perceber e lidar com os fenômenos naturais e tecnológicos presentes tanto no cotidiano mais imediato quanto na compreensão do universo distante, com base em princípios, leis e modelos por ela construídos. Isso implica, também, a introdução à linguagem própria da Física, que faz uso de conceitos e terminologia bem definidos, além de suas formas de expressão, que envolvem, muitas vezes, tabelas, gráficos ou relações matemáticas. Ao mesmo tempo, a Física deve vir a ser reconhecida como um processo cuja construção ocorreu ao longo da história da humanidade, impregnado de contribuições culturais, econômicas e sociais, que vêm resultando no desenvolvimento de diferentes tecnologias e, por sua vez, por elas impulsionadas.

O ensino de Física vem deixando de concentrar-se na simples memorização de equações ou repetição automatizada de procedimentos, em situações artificiais ou extremamente abstratas, ganhando consciência de que é preciso dar-lhe um significado, explicitando seu sentido já no momento do aprendizado, na própria escola média. Como modificar a forma de trabalhar sem comprometer uma construção sólida do conhecimento em Física? Até que ponto se deve desenvolver o formalismo da Física? Como transformar o antigo currículo? O que fazer com pêndulos, molas e planos inclinados? Que tipo de laboratório faz sentido? Que temas devem ser privilegiados? É possível "abrir mão" do tratamento de alguns tópicos, como a Cinemática? E a Astronomia, do que tratar? É preciso introduzir Física Moderna? Essas e outras questões estão ainda para muitos sem resposta, indicando a necessidade de uma reflexão que revele elementos mais concretos e norteadores. No caso da MEDIAÇÃO, por meio das atividades extraclasse, em que o aluno, durante o curso de Física, estabelece uma relação muito próxima dos conteúdos teóricos e das equações, com a elaboração e execução do projeto. Nosso desafio é, portanto, buscar meios para concretizar esses novos horizontes, especialmente dentro da realidade escolar, que é o mundo da MEDIAÇÃO. É nesse sentido que buscamos possíveis soluções alternativas, como EXPERIMENTO DO DIA e TUTORIAIS, apresentados durante as aulas.

COMPONENTE DE SOCIOLOGIA

A Sociologia no ensino médio tem como objetivo proporcionar uma visão crítica da realidade, de forma a desmistificar e compreender os fenômenos sociais. A sociedade está envolta em uma dinâmica social que compõem os valores, modos de vida, atitudes, hábitos, religiões. Essa dinâmica é específica para cada sociedade e o indivíduo está totalmente integrado e atrelado a ela. Dessa forma, a Sociologia contribui na formação de um pensamento crítico, individual e autônomo do aluno sobre a sociedade.

No projeto de Mediação Tecnológica, a Sociologia busca desenvolver a capacidade crítica, reflexiva e criativa dos alunos. O objetivo central da disciplina de Sociologia é tentar mostrar ao aluno que ele faz parte da sociedade e sofre interferências dela, portanto compreender a sociedade em que vivemos é primordial para o estudante. Assim, uma das suas metas no Ensino Médio é provocar questionamentos e discussões por meio dos conceitos sociológicos, levando-o a refletir sobre a sociedade, para que se comprometa a fazer parte de uma sociedade mais justa e responsável.

Para a potencialização das discussões, utilizamos atividades interativas, esquetes e reflexões sobre os temas que envolvem a Sociologia. Nas atividades extraclasse priorizamos atividades que relacionem a interação entre teoria e prática, propondo formas de avaliação que estimulem a criatividade dos alunos.

CONSIDERAÇÕES FINAIS

O ensino de História na atualidade depende, sobretudo, das qualidades e do trabalho desenvolvido pelo professor. O docente, mais que um simples comunicador, deve saber ensinar seus estudantes a buscar a informação de forma adequada, seja na rede social, seja em livros, papel que o caracteriza mais como um tutor e orientador. Considerando-se a existência de um ambiente cada vez mais tomado pelos recursos tecnológicos, o professor de História deve ser reorientado no sentido de saber adequar a realidade tecnológica ao ambiente acadêmico, promovendo assim um conhecimento baseado na vivência dos jovens e em seus cotidianos, deixando-os mais instigados, atraídos e reforçando as relações pessoais no dia a dia. O uso da tecnologia em sala de aula ou até mesmo fora dela é uma estratégia de ensino que possibilita a manutenção da atenção por parte dos estudantes, pois de modo geral apresenta ferramentas bastante dinâmicas, interativas e interessantes. De um modo geral, o professor de História deve ater-se às diversas formas de avaliação dos estudantes, ação que é útil por possibilitar *feedbacks* funcionais e viabilizar ajustes e estratégias de melhoria.

Temos percebido que a educação sempre esteve evoluindo, ainda que ora a passos mais lentos, ora a uma velocidade mais alta. A tecnologia aplicada na sala de aula com uso de tablets e smartphones certamente contribuiu para acelerar as mudanças no mundo e, por consequência, a transformação da maneira como as novas gerações interagem com a realidade. Mas o que parece ter criado um distanciamento entre estudante e professor pode ser, na verdade, o elo que unirá um ao outro por muito mais tempo e de maneira muito mais produtiva. Aproveitando tudo o que a tecnologia traz para a sala de aula, usa-se para motivar nossos estudantes a contribuir, para que, no final dessa revolução, possamos chegar a uma educação melhor para todos. Resta, portanto, a escola criar regras para a utilização e fazer com a tecnologia seja mais um elemento na aula, de forma natural.

REFERÊNCIAS

AGUIAR, Jaqueline Vieira de. **Princesas Isabel e Leopoldina**: mulheres educadas para governar. Curitiba: Appris, 2015.

ALVES, Rubem. **Conversa sobre educação**. 12. ed. Campinas: Verus, 2015.

BRAGANÇA, Dom Carlos Tasso de Saxe-Coburgo. **Dom Pedro II na Alemanha**: uma amizade tradicional. São Paulo: Senac São Paulo, 2014.

CUNHA, Maria Isabel da. **O bom professor e sua prática**. Campinas: Papirus, 1989.

FREIRE, João Ricardo Bessa. **Textos e contextos no ensino da história**: do advento da internet ao colapso da escola tradicional. Rio de Janeiro: Access, 2015.

9
MATÉRIAS PUBLICADAS SOBRE A MEDIAÇÃO TECNOLÓGICA

Daniele Braga Brasil

Este capítulo traz todas as matérias jornalísticas que foram publicadas no site oficial da Seduc/RO referentes à Mediação Tecnológica.

O período das referidas reportagens aqui deste capítulo iniciam em 2015 e vão até 2023, quando da escrita deste livro.

Porém a intenção não foi fazer um estado da arte, mas sim trazer as diversas informações e pontuações das reportagens que fizeram com que a Mediação Tecnológica fosse matéria de reportagens.

É importante dizer que os nomes das pessoas citadas nas matérias jornalísticas, como estudante, professor, secretário de educação, gerentes, desembargador, reitor, governador, entre outros, foram resguardados, já que o foco é a Mediação Tecnológica e o destaque da reportagem.

Sendo os referidos nomes categorizados pela função da época ou cargo e ano da reportagem, esses são mencionados entre parênteses com o cargo e o ano de atuação, como: (GERENTE, 2022) referindo-se ao gerente do ano 2022.

Dito isso, seguem os títulos fiéis das matérias publicadas no site da Seduc/RO e as datas das publicações, e na sequência um breve resumo e comentário de cada uma.

Para tanto, as reportagens são divididas em dois ciclos, o primeiro de 2015 a 2018, ano de conclusão das primeiras turmas, e o segundo ciclo de 2019 a 2022.

Vamos lá!

Primeiro ciclo de reportagens

Esse ciclo compreende as reportagens ocorridas entre 2015 e 2018, que compreende um total de 12 reportagens publicadas no site oficial da Seduc/RO.

Teste de aulas por satélite começam por Guajará Mirim.
Publicada em 15 de janeiro de 2015.

Essa matéria traz a informação a respeito de uma reunião em que representantes de povos indígenas de Rondônia e assessores do governo estadual definiram parceria para buscar soluções para problemas relacionados à educação nas aldeias indígenas.

Várias lideranças indígenas apresentaram reivindicações para atendimento em suas comunidades a curto, médio e longo prazo. E em resposta à solicitação do ensino médio nas aldeias, a representante da Seduc/RO informou que existe carência de professores habilitados nos componentes curriculares para atuar em escolas indígenas.

Ainda de acordo com a reunião, a Seduc/RO afirmou que existe um projeto, que já havia sido aprovado no Conselho Estadual de Educação, para que as aulas sejam ministradas via satélite, e segundo ela:

> *A Seduc vai adotar um conteúdo premiado em nível internacional, o chamado Ensino Médio com Mediação Tecnológica, que foi testado com sucesso em outros estados brasileiros.*
>
> *As aldeias receberão modernas antenas e demais equipamentos tecnológicos necessários. Terão ainda monitores especializados para fazer o acompanhamento do que for ensinado na transmissão.* (SEDUC/RO, 2015).

E ainda que o teste desse sistema seria realizado nos próximos dias em aldeias indígenas do município de Guajará-Mirim.

Nessa matéria podemos observar as tratativas para início das aulas no ano letivo de 2015. Porém já sabemos que de fato isso ocorreu somente em 2016.

Mas vejam que interessante essa matéria, pois nos traz a informação de que havia cobranças por parte das comunidades indígenas para implantação do ensino médio nas aldeias.

Vamos à próxima reportagem ainda em 2015.

Seduc e MPU debatem a implantação do ensino médio com Mediação Tecnológica.
Publicada em 23 de julho de 2015.

Essa matéria trouxe a informação de que um sistema semelhante ao da Mediação Tecnológica havia sido implantado no estado do Amazonas desde 2005, conseguindo autorização com sucesso para continuidade.

Na sequência, em destaque nessa matéria, a informação de que a Secretaria de Educação do Estado da época conseguiu autorização para que o ensino médio com Mediação Tecnológica fosse implantado em Rondônia no próximo ano, ou seja, em 2016. Inclusive que havia conseguido emprestado do estado do Amazonas algumas antenas para serem utilizadas na Mediação Tecnológica em Rondônia.

A reportagem ainda trouxe uma informação muito interessante: "Há uma logística que deve ser adotada para que as torres possam ser montadas e, para tanto, necessário a participação do exército brasileiro" (SECRETÁRIA, 2015).

Logo, temos três importantes informações aqui: a primeira, a Seduc/RO já tinha autorização implantar a Mediação Tecnológica; a segunda, as primeiras antenas foram emprestadas do estado do Amazonas; a terceira, era necessário o auxílio do exército para sua instalação.

Por qual motivo a ajuda do exército? Fica a interrogação.

Para prosseguirmos, a matéria a seguir já nos traz informações sobre a capacitação de professores.

Professores são capacitados para implantação da Mediação Tecnológica no 1º ano do ensino médio em Rondônia.
Publicada em 15 de fevereiro de 2016.

Essa matéria trouxe informações acerca da formação de professores ministrantes para início do ano letivo.

E temos uma informação interessante nela, que a secretária de educação da época destacou o apoio que o secretário de educação do estado do Amazonas havia liberado o sinal de satélite e que havia doado dezenas de antenas para Rondônia.

Destacou também que:

> *Durante todo o período de carnaval os coordenadores regionais de educação, gestores educacionais e técnicos de informática trabalharam para que os equipamentos pudessem ser instalados e as aulas com as novas metodologias possam ter início 15 dias após o início do ano letivo.* (SECRETÁRIA, 2016).

Na próxima matéria podemos ter informações mais específicas sobre o início das aulas.

Seduc e Ifro preparam a estreia do ensino a distância que chegará a 179 pólos isolados em Rondônia.
Publicada em 2 de março de 2016.

Essa matéria traz a informação da primeira aula, a aula de estreia, que foi a de Língua Portuguesa para estudantes do 1º Ano do ensino médio.

As professoras foram chamadas na matéria de "apresentadoras" que anunciaram o conteúdo concluído e pronto para ser repassado a estudantes do primeiro em 179 polos, alguns distantes até 800 quilômetros de Porto Velho.

A Secretária de Educação (SECRETÁRIA, 2016) da época disse na matéria que: *"O início do funcionamento do Ensino Médio com mediação tecnológica é um sonho, mas nada seria possível sem a determinação e a prioridade dada pelo governador à educação"* (SECRETÁRIA, 2016).

Nessa fala notamos o agradecimento ao governador da época e a palavra "sonho" dando a impressão do *"até que enfim conseguimos realizar"*.

Uma informação bem interessante nessa matéria é a de que, segundo a secretária de educação, o investimento financeiro do estado de Rondônia na Mediação Tecnológica somou R$ 17,5 milhões, divididos em três fases. Em 2016, R$ 3 milhões; em 2017, R$ 5,6 milhões; e em 2018, na "conclusão do projeto", R$ 8,8 milhões. Porém sabemos que a Mediação Tecnológica não foi concluída em 2018 e sim expandiu seu atendimento.

E ainda, como informações de cunho financeiro, segundo o diretor-executivo da Seduc/RO, *"a aquisição de kits computadores, nobreaks, impressoras, telefone IP totalizam R $30 milhões e baixou praticamente à metade"*.

Após essa matéria, com informações sobre a aula de estreia e o custo financeiro, a próxima reportagem sobre a Mediação Tecnológica marca a visita do governador ao estúdio de gravação. Porém se equivoca ao falar da Mediação Tecnológica como "Educação a Distância".

Educação a distância é uma revolução no conhecimento, diz o governador ao participar de transmissão de aula ao vivo.
Publicada em 19 de maio de 2016.

Essa matéria traz a informação de que o governador de Rondônia foi até o estúdio de gravação das aulas da Mediação Tecnológica acompanhado da secretária de estado da educação e outras autoridades, incluindo o desembargador (DESEMBARGADOR, 2016) e vice-presidente do Tribunal de Justiça da época, que disse:

> *É muito difícil disponibilizar professores do ensino médio para todo o estado. Então, a utilização de tecnologias, como está, é importante, sem desmerecer o ensino presencial. É uma oportunidade que vocês não podem deixar escapar.* (DESEMBARGADOR, 2016).

Lendo a reportagem notamos a intenção de demonstrar o apoio ao referido e emergente projeto.

Então, estava marcado de fato o início desse projeto para estudantes do 1º Ano do Ensino Médio em 2016.

Continue acompanhando essa linha do tempo de reportagens e veja que na próxima a questão da educação indígena torna a aparecer.

Escolas indígenas de Rondônia terão Mediação Tecnológica via satélite.
Publicada em 11 de julho de 2016.

Essa matéria traz a informação a respeito de uma reunião na qual o coordenador de ensino indígena da Seduc/RO destacou que a Mediação Tecnológica para estudantes indígenas já está acontecendo nos municípios de Alta Floresta, Pimenta Bueno e Vilhena, afirmando em sua fala que avalia como positiva a Mediação Tecnológica e diz que é uma a "conquista do governo estadual". "*O meu povo mesmo fica longe de tudo e de todos. Imagine os mais distantes, lá no Vale do Guaporé, no Aripuanã e noutras regiões que há tempos reivindicam escolas e melhor educação*" (SEDUC/RO, 2016).

Notem que em 2015 houve o pedido da Mediação Tecnológica para estudantes indígenas, e nessa matéria de 2016 a implantação começou a ocorrer em vários municípios.

Vamos para a próxima, que trata da segunda capacitação de professores.

Professores e coordenadores regionais de Educação participam de 2ª capacitação de ensino médio com Mediação Tecnológica.
Publicada em 22 de maio de 2017.

Essa matéria traz a informação sobre a capacitação realizada pela equipe pedagógica da Mediação Tecnológica aos professores presenciais (professores que atuam na sala de aula), em que, por meio de palestras e oficinas, os professores ministrantes de estúdio puderam conhecer e interagir com os professores que atuam nas salas de aula com os estudantes.

Esse evento de formação durou três dias e ocorreu em um espaço ofertado pela Seduc/RO.

Na próxima matéria temos informação sobre a ida de professores ministrantes às escolas atendidas pela Mediação Tecnológica.

Professores visitam escolas com Mediação Tecnológica em distritos rondonienses.
Publicada em 18 de dezembro de 2017.

Alguns professores "de estúdio" que produzem e gravam as aulas da Mediação Tecnológica realizaram "visita" a escolas que atendem à Mediação Tecnológica nos distritos de União Bandeirantes e Jacy Paraná.

Segundo a Direção (DIREÇÃO, 2017) da escola de Jacy Paraná: *"A presença de professores de estúdio nas escolas humaniza ainda mais o projeto, pois os alunos sentem de forma presencial aqueles professores em que estudam pela televisão"* (DIREÇÃO, 2017).

E em fala de um dos professores ministrantes:

> *Entre emoções, abraços e selfies surgiram vários depoimentos de agradecimentos pelos alunos, dada a oportunidade que estão tendo em aprender com dinamismo em sua própria localidade para concluir o Ensino Médio.* (PROFESSOR, 2017).

A referida matéria destacou a importância da "visita" de professores ministrantes aos estudantes como forma de aproximar e interagir presencialmente, já que esses docentes são vistos somente pela televisão.

É importante destacar que diversas visitas foram realizadas por professores de estúdio a escolas atendidas pela Mediação Tecnológica no ano 2017 e prosseguindo ano a ano. Sendo intensificadas a partir de 2019, quando da troca de gestão e reformulação das atividades, sendo posteriormente chamadas de "atendimento" e não mais "visita".

A próxima reportagem foi em 2018, ano de conclusão do ensino médio das primeiras turmas.

Ensino com Mediação Tecnológica se consolida com 80% de aprovação e redução de reprovados e evasão escolar em Rondônia. Publicada em 24 de abril de 2018.

Essa matéria, em relação às demais, é bem longa e trouxe muitas informações interessantes e diversas falas da gerente da Mediação Tecnológica da época (GERENTE, 2018). Talvez pelo fato de esse ser o ano de conclusão das primeiras turmas de 3º ano de ensino médio da Mediação Tecnológica:

Nessa matéria, em entrevista, a gerente da Mediação Tecnológica da época explicou que:

> *Até sua consolidação o programa enfrentou muitos desafios, com questionamentos feitos pelo Ministério Público (MP), Sindicato dos Trabalhadores na Educação (Sintero) e as entidades representativas do homem do campo, que resultaram em audiência pública na Assembleia Legislativa. Após ajustes solicitados pelo MP e o CEE, inclusive para a inserção de intérprete em Língua Brasileira de Sinais (Libras) e aulas práticas de educação física.* (GERENTE, 2018).

Ela afirmou ainda nessa entrevista que

> *A proposta agora está consolidada por garantir 80% de aprovação dos alunos e a redução do número de reprovados e da evasão escolar. [...]*

> *As aulas são ministradas por professores habilitados nos componentes curriculares, que passaram por formação específica para com eficiência proporcionar a construção de saberes aos educandos inseridos no projeto extinguindo, assim, a desigualdade entre o ensino urbano e rural.* (GERENTE, 2018).

Ressaltando a função do professor de estúdio, em que esse *"Não basta apenas querer dar aula. Tem que ter perfil, habilidade para ministrar a aula no estúdio, que é acompanhada ao vivo pelos alunos em uma sala, sob a supervisão de outro professor"* (GERENTE, 2018).

Outra informação importante que a gerente da Mediação Tecnológica da época destacou nessa matéria foi a de que durante a aula podem ser feitos questionamentos via internet para o professor de estúdio, ou seja, enquanto um professor ministra a aula, outro tira as possíveis dúvidas via *chat*. Ou podem ser enviados posteriormente, caso não haja acesso à internet no local.

> *As aulas são bem interativas e geralmente os professores usam roupas conforme o tema a ser abordado. São feitos intervalos a cada 40 minutos, uma vez que são duas aulas por dia de disciplinas diferentes, com duração de quatro horas.* (GERENTE, 2018).

Nessa fala é citado o projeto "Aluno Digital" da Seduc/RO, que possibilitou que os estudantes da Mediação Tecnológica recebessem netbook, e que esses deveriam ser devolvidos naquele ano, quando concluiriam o ensino médio. E que, após a manutenção, esses equipamentos deveriam ser distribuídos para os estudantes das novas turmas. Destaco que o Projeto "Aluno Digital" foi extinto no início de 2019.

Ainda conforme a gerente, a Mediação Tecnológica objetivava atender apenas aos estudantes do campo, mas foi expandida para a zona urbana, em municípios como Guajará-Mirim e Costa Marques, devido à dificuldade de lotação de professores.

Esse fato ocorre até os dias atuais, 2023, pois existem escolas em áreas urbanas em diversos municípios de Rondônia que atendem turmas da Mediação Tecnológica. Por quê? A resposta é simples: falta de professores habilitados nos componentes curriculares do ensino médio. Ou seja, o mesmo motivo para sua implantação em 2016.

Na sequência o destaque vem para a participação da Mediação Tecnológica em uma grande feira de agronegócio como forma de mostrar para a comunidade do campo o referido projeto.

Seduc apresentará o programa do ensino médio com Mediação Tecnológica na 7ª Rondônia Rural Show.
Publicada em 22 de maio de 2018.

Foi formada uma equipe de coordenadores e quatro professores da Mediação Tecnológica para participação do evento Rondônia Rural Show, que ocorre anualmente no município de Ji-Paraná. Esse referido evento é considerado a maior feira de agronegócio da América Latina.

> *Vestidos de gladiadores, os professores de história João Herbety e Lourismar Barroso fizeram referência aos torneios de luta que aconteciam na Roma Antiga ao mesmo tempo que explicavam ao público da 7ª edição da Rondônia Rural Show o diferencial das aulas realizadas pelo Projeto de Mediação Tecnológica voltado para alunos do Ensino Médio em áreas de difícil acesso.* (SEDUC/RO, 2018).

No Evento, a Seduc montou um grande estande (tenda) para receber estudantes e visitantes diversos com o intuito de conhecer e tirar dúvidas sobre a Mediação Tecnológica. Os professores realizaram diversas atividades com os estudantes, que foram em caravanas de diversos municípios para participar da feira e conhecer os professores.

Muitas autoridades e representantes de associações e comunidades foram ao estande da Seduc para entender melhor "essa novidade" em atendimento ao ensino médio Mediado por Tecnologia.

Ainda com destaque à Rondônia Rural Show, a próxima reportagem cita as "vantagens" do projeto.

Representantes das indústrias do Rio Grande do Norte destacam as vantagens do projeto de Mediação Tecnológica apresentado pela primeira vez na Rondônia Rural Show.
Publicada em 25 de maio de 2018.

Nessa matéria é citado que o diretor da Federação das Indústrias do Rio Grande do Norte (DIRETOR, 2018) e conselheiro do Senai e o presidente da Associação das Empresas dos Polos Indústrias do Rio Grande do Norte disseram que ficaram impressionados com a Mediação Tecnológica. Fato expressado em sua fala:

> *Eu ainda não tinha visto nada parecido, com a qualidade de ensino. Esse é um modelo para ser copiado em todo Brasil. O que mais me impressionou foi a qualidade das aulas oferecidas pelas aulas e o jeito diferente dos professores ministrarem as aulas, vestidos de fantasias com o tema das aulas que consegue prender a atenção dos alunos.* (DIRETOR, 2018).

Destacando ainda em sua fala:

> *É uma iniciativa que vem para fixação do homem no campo. Esse projeto chega nos lugares mais longínquos do Estado com qualidade, onde há professores preparados que inclusive com qualificação que não há em muitas salas de aulas convencionais. Aulas com doutores que são transmitidas para aqueles alunos quilombolas, ribeirinhos que estão lá no meio da floresta e podem ter um ensino de qualidade. E essa forma temática das aulas ajuda a fixar mais o aprendizado. Muito interessante essa inovação.* (DIRETOR, 2018).

Essa foi a segunda reportagem do ano relacionada à participação da Mediação Tecnológica nesse evento que movimenta o "povo agro" de Rondônia.

Findando o ano 2018, a reportagem seguinte é marcada com a conclusão das primeiras turmas de estudantes do ensino médio com Mediação Tecnológica.

O Projeto Mediação Tecnológica forma primeira turma em Rondônia.

Publicada em 28 de dezembro de 2018.

Chegado o final do ano 2018, é publicada essa matéria ressaltando a conclusão do ensino médio das primeiras turmas da Mediação Tecnológica de Rondônia.

> *O ano de 2018 certamente será inesquecível para 1.214 alunos que concluíram o ensino médio em áreas rurais, comunidades quilombolas e nas aldeias indígenas situadas em Rondônia. Contemplados pelo projeto Mediação Tecnológica, esses alunos fazem parte das primeiras turmas, criadas em 2016, quando tiveram início as aulas.* (SEDUC/RO, 2018).

E segundo a fala da Gerente da época (GERENTE, 2018), vários estudantes foram aprovados para estudar no Ifro, e a formatura das primeiras turmas *"foi uma festa para todos nós, que acompanhamos as dificuldades que cada uma enfrentou"*.

Ainda segundo a Gerente (2018), foi realizada uma pesquisa pela Seduc/RO para avaliar o aproveitamento das primeiras turmas, sendo essa pesquisa em forma de prova escrita aplicada para estudantes do ensino médio regular e estudantes da Mediação Tecnológica. Obtendo como resultado "empate técnico", ou seja, o tempo de realização das provas foi praticamente idêntico entre os estudantes.

Destacando a Gerente da época: *"O resultado apresentou o mesmo nível de proficiência e percebemos que atingimos nosso objetivo, de promover igualdade e oportunidade para cada aluno"* (GERENTE, 2018).

Sobre a avaliação citada, não obtive informações dos resultados, números de estudantes que realizaram, nem dos critérios utilizados. Mas acredito ter ocorrido de fato, pois foi solicitado aos professores de estúdio da época que elaborassem questões para tal avaliação.

Abro um parêntese aqui antes de seguirmos para a próxima reportagem: essa era a época do final de um mandato político, e eleições estaduais ocorreram. Um novo governo estava por iniciar, e mudanças prestes a acontecer.

Segundo ciclo de reportagens

Esse ciclo compreende as reportagens ocorridas entre 2019 e 2022 em um quantitativo de 19 matérias publicadas no site oficial da Seduc/RO.

O segundo ciclo de reportagens sobre a Mediação Tecnológica tem início em 2019, que já lhe digo que foi conturbado para a Mediação Tecnológica, afinal agora era tempo de um novo governador, secretário estadual de educação e diretoria geral de educação. Havia dúvidas e incertezas se esse projeto se tornaria um programa educacional e se iria prosseguir.

Alguns professores ministrantes foram substituídos e a Mediação Tecnológica estava sem um gerente, sem um chefe. Ficando essa, em uma tentativa que não durou muito tempo, dentro de uma gerência de formação e capacitação de professores. Iniciando um período de incertezas, visto que a nova gestão da Seduc/RO, aparentemente, não demonstrava interesse na continuidade do projeto. A equipe estava apreensiva e visivelmente desestabilizada.

Após alguns meses de incerteza, uma professora ministrante assume a gerência da Mediação Tecnológica e algumas mudanças começam a se desenhar.

Sem mais, seguimos para a primeira reportagem sobre a Mediação Tecnológica a partir de 2019.

Seduc e Ifro debatem a continuação da parceria da Mediação Tecnológica.
Publicada em 23 de janeiro de 2019.

Essa matéria traz informações acerca de uma reunião que teve como objetivo tratar da possível continuidade da parceria entre a Seduc/RO e o Ifro com relação ao programa da Mediação Tecnológica. A referida parceria "convênio" teria vencimento em fevereiro de 2019 e o secretário de estado da educação da época e o reitor do Ifro iniciaram os contatos para a possibilidade da assinatura de um novo convênio como garantia de que os estudantes pudessem ter acesso a uma "aprendizagem diferenciada", na busca do fortalecimento da educação profissional, tecnológica e científica de Rondônia (SEDUC/RO, 2019).

Como comentário e com base em informações vivenciadas por esta autora, destaco que tal renovação de convênio de fato ocorreu, mas não perdurou por muito tempo devido a fatores diversos que prefiro não relatar todos aqui. Entre eles, destaco o fato de que o Ifro subcontratava uma produtora, além de possuir somente dois estúdios, quando a necessidade seria no mínimo três, já que a Mediação tinha já à época 1º, 2º e 3º ano do ensino médio.

Após o rompimento do convênio entre Seduc/RO e Ifro, as aulas continuaram a ser produzidas pelos professores ministrantes, mas foram repassadas aos estudantes de forma gravada e não "ao vivo", ou seja, em tempo real. E as dúvidas eram sanadas por meio de plantão tira dúvidas.

Enquanto isso estava em andamento um processo de contratação por meio de licitação pública. Processo esse em que uma produtora foi contratada e iniciou os trabalhos em prédio próprio da Seduc/RO, agora com quatro estúdios de gravação que funcionam manhã e tarde e sábados letivos.

Ainda posso destacar aqui que, por solicitação do novo governador de estado, a nova gerência da Mediação Tecnológica foi colocada sob responsabilidade de uma professora ministrante de estúdio, que já tinha experiência com outros projetos educacionais.

Projeto de Mediação Tecnológica em Rondônia começa ano letivo com expectativa para atender 6 mil alunos.
Publicada em 18 de fevereiro de 2019.

Essa matéria destaca a abertura do ano letivo 2019 para os estudantes atendidos pela Mediação Tecnológica, sendo esse evento realizado em forma de vídeo e repassado aos estudantes por meio do canal da Mediação Tecnológica no YouTube.

O secretário de educação do estado da época (SECRETÁRIO, 2019), em sua fala, ressaltou a importância do projeto para fortalecimento do ensino médio em locais de difícil acesso.

> *Nosso ensino médio precisa demonstrar força, pujança, equilíbrio e, acima de tudo, vontade. Temos um compromisso com o estado de Rondônia, precisamos fortalecer a educação oferecida ao cidadão que mora em localidades de difícil acesso, por isso convidamos a sociedade para nos ajudar a fazer acontecer o ensino médio por meio da mediação tecnológica. Todos convidados para participar dessa jornada cidadã que levará ao cidadão o mesmo nível de aprendizado presencial das áreas urbanas. (SECRETÁRIO, 2019).*

Destacando ainda que:

> *Outra novidade é que neste ano o projeto educacional do Governo do Estado implementará no início do ano letivo o "Plantão Tira Dúvidas", para atender em tempo real os estudantes com o conteúdo do ensino médio das quatro áreas do conhecimento: linguagens, códigos e suas tecnologias; ciências humanas e suas tecnologias; matemática e suas tecnologias; e ciências da natureza e suas tecnologias. A equipe de docentes é composta por 26 professores especialistas por áreas. (SECRETÁRIO, 2019).*

A próxima matéria trouxe a informação sobre o "Plantão Tira Dúvidas".

Projeto ensino médio com Mediação Tecnológica adota plantão tira dúvida.
Publicada em 7 de março de 2019.

Essa matéria destacou o "Plantão Tira Dúvidas" como uma importante ferramenta que o governo do estado de Rondônia adotou para atender às comunidades de difícil acesso por meio da Mediação Tecnológica, como uma forma de possibilitar a interação e tirar as dúvidas relativas aos componentes curriculares do ensino médio.

Esse "Plantão Tira Dúvidas" era realizado por professores ministrantes em uma sala localizada no Centro Político Administrativo de Porto Velho (CPA), com horário de funcionamento pela manhã e pela tarde. Destacando que a internet era o meio utilizado para "tirar as dúvidas" e manter a interação entre professores e estudantes.

A próxima matéria traz em destaque a educação para o campo.

Educação no campo será prioridade na Mediação Tecnológica ofertada pelo governo de Rondônia.

Publicada em 23 de maio de 2019.

Essa matéria traz a informação de que o governo do estado de Rondônia iria direcionar a Mediação Tecnológica para o ensino no campo, com respeito às culturas e valorização dos povos. *"Uma metodologia que garanta a qualidade do aprendizado sem ferir padrões étnicos das localidades, a exemplo das aldeias indígenas e quilombolas"* (SEDUC/RO, 2019).

Essa pontuação foi debatida no estande da Seduc/RO instalado na Rondônia Rural Show, na cidade de Ji-Paraná.

O secretário de Educação ressaltou que a:

> *Mediação Tecnológica será fundamentada no atendimento ao campo, com valorização cultural, ensino étnico com atenção aos anseios da localidade para ofertar uma pedagogia justa. Vamos fortalecer a educação no campo"* finalizou o secretário ao fazer a entrega de 30 notebooks para atender estudantes das escolas de Ji-Paraná. (SECRETÁRIO, 2019).

Como observação a essa matéria, desde sua implantação, a Mediação Tecnológica compromete-se a atender à população do campo. Como você poderá observar na legislação desse projeto, que trazemos no início deste livro.

Enfim, a Seduc/RO começa a compreender a Mediação Tecnológica como uma necessidade.

A próxima matéria destaca diferentes metodologias planejadas e aplicadas por professores de Matemática.

A Mediação Tecnológica oferece ensino de matemática aplicada ao campo para alunos da rede estadual.
Publicada em 29 de agosto de 2020.

Nessa matéria, o destaque é a proposta de novas aulas de Matemática da Mediação Tecnológica, "A Etnomatemática".

> A abordagem histórico-cultural exerce um elo com o padrão educacional e a cultura de um povo e se relaciona com o cotidiano dos alunos, abordando temas do agronegócio, como produção agrícola, pecuária e extrativista. (SEDUC/RO, 2020).

Para a gerente da época:

> O intuito do projeto é fomentar a consolidação e a expansão do ensino, a fim de combater as desigualdades educacionais, proporcionando uma educação de qualidade a todos os alunos da rede estadual. (GERENTE, 2020).

> A gerente ainda afirma que: "A integração multidisciplinar é muito importante para aproximar o estudante à disciplina de matemática, visto que, reiteradamente, é apontado como empecilho para o êxito no estudo". (GERENTE, 2020).

As referidas aulas foram planejadas e produzidas pelos professores de estúdio do componente curricular de Matemática da Mediação Tecnológica. Dando ênfase a abordagens regionais e questões com exemplos peculiares às atividades relacionadas por moradores de regiões agrícolas e extrativistas, por exemplo, como calcular o volume de um tanque para criação de peixes.

Escolas da Mediação Tecnológica recebem notebooks durante homenagens aos alunos destaques no ENEM em Cerejeiras.
Publicada em 3 de setembro de 2020.

Essa matéria traz a informação de que em uma reunião solene no município de Cerejeiras o governo de Rondônia notebooks para os professores que trabalham com a Mediação Tecnológica, que foram destinados para o atendimento das escolas estaduais de Ensino Fundamental e Médio Colina Verde, localizada no município de Corumbiara, Marechal Rondon e Doutor Osvaldo Piana.

Uma reportagem bem curta, mas com informações importantes, pois marca a entrega de notebooks para professores que atendem à Mediação Tecnológica.

Vamos lembrar que nesse período estávamos em plena pandemia de covid-19. E mesmo assim todos os professores ministrantes, equipe pedagógica e professores presenciais receberam notebooks para auxiliar em sua função.

Ainda relacionada à pandemia de covid-19, a próxima reportagem traz informações referentes a formas de atendimento aos estudantes.

Videoaulas e materiais impressos atendem alunos para continuidade dos estudos em Costa Marques e região.
Publicada em 13 de outubro de 2020.

Em tempo de pandemia de covid-19, essa matéria destaca o atendimento por meio de materiais impressos: "Em cinco escolas estaduais do município situado na margem direita do Rio Guaporé estudam 1.670 alunos, quase todos beneficiados por videoaulas desde o início da pandemia" (SEDUC/RO, 2020).

A equipe pedagógica entregou materiais impressos relacionados a atividades, avaliações e textos diversos para estudo aos estudantes.

Essa matéria também traz a informação da entrega de 29 notebooks para professores da Mediação Tecnológica.

Segundo a gerente, sete aparelhos foram entregues a professores presenciais de Costa Marques, e 17 a professores de São Francisco do Guaporé. Além disso, três aparelhos destinam-se a coordenadores do Laboratório de Informática e 26 ao Núcleo de Tecnologia Educacional.

Em destaque a continuação de entregas de notebooks para professores. Quando os demais da rede pública estadual não haviam recebido.

II Edição do "Aulão Seduc Rondônia" será transmitido pelo canal da Mediação Tecnológica nos dias 20 e 21 de janeiro.
Publicada em 18 de janeiro de 2021.

Com o objetivo de auxiliar estudantes do 3º ano do ensino médio e egressos da rede estadual de Rondônia que realizarão o segundo dia de prova impressa do Exame Nacional do Ensino Médio (Enem) 2020, marcada para o dia 24 de janeiro, e versão digital para os dias 31 de janeiro e 7 de fevereiro de 2021.

Na semana que antecedeu o primeiro dia de prova do Enem foram realizados dois aulões preparatórios on-line. De acordo com gerente da Mediação Tecnológica de Rondônia, as aulas contaram com mais de 13 mil visualizações nos dois dias de transmissão.

A diretora geral de educação (DIRETORA, 2020) destaca na reportagem que:

> *[...] os aulões pré-Enem são ministrados por professores especializados nas áreas de conhecimento da prova. Os estudantes interagem diretamente com os professores através do chat do canal. Lá são disponibilizados os links de acesso aos conteúdos, lembretes e dicas sobre o exame.* (DIRETORA, 2020).

Nessa matéria notamos que a utilização do canal da Mediação Tecnológica já estava naturalizada, demonstrando que sua utilização pela comunidade educacional foi bem aceita.

Aulão Seduc Rondônia alcança mais de 17 mil visualizações em quatro dias de transmissão.

Publicada em 25 de janeiro de 2021.

Podemos observar nessa matéria informações sobre o aulão Seduc Rondônia, que ocorreu em dois finais de semana, sendo um nos dias 13 e 14, e outro nos dias 20 e 21 de janeiro.

Uma iniciativa que teve como objetivo auxiliar os estudantes do 3º ano do ensino médio e egressos da rede estadual de ensino inscritos na prova do Exame Nacional do Ensino Médio (Enem) 2021.

Foram quatro dias de aulas transmitidas ao vivo pelo canal da Mediação Tecnológica e pelo perfil oficial da Seduc. A gerente da Mediação Tecnológica (GERENTE, 2021) acrescentou que:

> O Aulão subdividido em quatro módulos, contemplando disciplinas abordadas no exame, foi um diferencial para ajudar os alunos. O Aulão é basicamente para revisar e relembrar de uma forma mais sintética, clara e objetiva os conteúdos. Como professores, avaliamos de forma positiva quanto à forma que foi realizado e aplicado. Houve uma participação maciça da classe estudantil, com o alcance maior de alunos e atendendo as expectativas. Isso foi observado através dos chats dos canais de transmissão, onde também foi possível a interação de professores e estudantes. (GERENTE, 2021).

Essa matéria marca a utilização do canal do YouTube da Mediação Tecnológica para toda a rede estadual de educação.

Fato que faz com que diversos professores, estudantes e comunidade em geral comecem a conhecer as aulas dos estudantes da Mediação Tecnológica, visto que elas ficam todas ancoradas no referido canal.

Escolas estaduais iniciam na letivo com aulas remotas em Rondônia.
Publicada em 22 de fevereiro de 2021.

Essa entrevista traz a informação de um vídeo realizado pelo governador da época na abertura do ano letivo de 2021. O governador declarou aberto o ano letivo 2021 na rede estadual de ensino em transmissão ao vivo feita diretamente de um dos estúdios da Mediação Tecnológica, em Porto Velho, onde são produzidas e transmitidas aulas de forma virtual.

Ele explicou, ainda, que as aulas nos estabelecimentos de ensino do estado acontecerão de forma remota em virtude da pandemia de covid-19.

> *Eu confio na Educação de Rondônia, que conquistou o melhor desempenho do Índice de Desenvolvimento da Educação Básica (Ideb) da região Norte. Em 2020, ano de pandemia, foi preciso adotar os cuidados devidos e agir rapidamente, suspendendo as aulas presenciais. Nós estamos ansiosos para que as aulas presenciais retornem, mas isso só vai acontecer de forma segura, enquanto isso estamos preparando nossas escolas e contando com a tecnologia para levar o ensino aos nossos estudantes.* (GOVERNADOR, 2021).

A reportagem destacou alguns números interessantes relativos aos investimentos na Mediação Tecnológica.

> Foram adquiridos 480 notebooks para profissionais da Educação, 200 computadores de mesa, 200 televisores de 55 polegadas, além de ter sido contratada uma produtora para os estúdios de TV. Os desafios da pandemia não inibiram os projetos para que Rondônia ofereça a melhor estrutura e qualidade de ensino aos estudantes, por meio de reformas, aparelhamento e aquisições inéditas. (SEDUC, 2021).

Equipe da Mediação Tecnológica adapta rotina para atender alunos durante pandemia.
Publicada em 5 de agosto de 2021.

Nessa matéria, de acordo com a gerente da Mediação Tecnológica da época, todo o suporte de tecnologia direcionada à educação que já atendia à rede pública de ensino desde 2016, com videoaulas para estudantes das turmas do ensino médio que moram em comunidades de difícil acesso, teve que se adaptar durante o período da pandemia, mas não parou. Segundo ela:

> A pandemia não foi motivo para interromper a Mediação Tecnológica, que tantos benefícios leva a alunos distantes até 800 quilômetros de Porto Velho. Como os estudantes dos municípios do Vale do Guaporé, na fronteira do Brasil com a Bolívia. Para eles, desde março de 2020, os professores reservam conteúdos especiais e pontuais. (GERENTE, 2021).

Logo, a matéria destaca que a Mediação Tecnológica de Rondônia não parou de atender nenhum dia, mesmo em período de pandemia de covid-19.

Aulão Seduc 2021 acontece nesta sexta-feira, 8, em Porto Velho; edição será transmitida no canal da Mediação Tecnológica.
Publicada em 6 de outubro de 2021.

Essa matéria faz alusão ao aulão preparatório para o Enem, o "Aulão Seduc 2021", que atendeu mais de 700 estudantes em um auditório de uma faculdade local, respeitando o distanciamento social e os protocolos de prevenção à covid-19.

Segundo a coordenadora regional de educação (CRE) da capital:

> [...] participarão de forma presencial estudantes de escolas mais afastadas, como também, os que cursam o 3º ano do Ensino Médio paralelo ao projeto "Terceirão" matriculados nas escolas estaduais Capitão Cláudio Manoel da Costa, Carmela Dutra, João Bento da Costa, Jorge Teixeira de

Oliveira, Major Guapindaia, Marco de Barros Freire, Mariana e Murilo Braga. (COORDENADORA, 2021).

A equipe da Mediação Tecnológica foi a responsável por transmitir, ao vivo, o referido aulão pelo seu canal do Youtube.

VII Congresso de Educação Física e esporte escolar acontece nos dias 13 e 14 de outubro pelo canal da Mediação Tecnológica.
Publicada em 11 de outubro de 2021.

Nessa matéria podemos ter a informação acerca da participação da Mediação Tecnológica como responsável por transmitir, nos dias 13 e 14 de outubro, às 8h45, o VII Congresso Estadual de Educação Física e Esporte Escolar com o tema "Educação Física Escolar: retrocessos e avanços na atualidade".

Nesse ano, e no ano anterior, devido à interrupção de eventos presenciais por conta da pandemia de covid-19, diversos eventos, como *lives* e *webnares*, foram transmitidos diretamente dos estúdios da Mediação Tecnológica, como pode ser observado no canal https://www.youtube.com/channel/.

Dia do professor: professores que atuam na Mediação Tecnológica adaptam rotina e suprem demanda ampliada que surge durante a pandemia.
Publicada em 14 de outubro de 2021.

Essa matéria ressalta a gravação das aulas dos componentes curriculares ofertados pela Mediação Tecnológica, que, segundo a reportagem, são animadas para chamar a atenção dos estudantes. Nesse caso, estudantes do Ensino Fundamental.

Destacando que, por ocasião da pandemia de covid-19, a Mediação Tecnológica adaptou sua rotina para atender a alunos dos 52 municípios e disponibilizar conteúdo de mídia para suprir à demanda de toda a Rede Pública Estadual de Ensino Fundamental e Médio.

A partir de março de 2020, todo o suporte de tecnologia e profissionais disponíveis que já atendiam estudantes do ensino médio que moram em comunidades de difícil acesso, zonas rurais, ribeirinhas, terras indígenas e comunidades quilombolas desde 2016 teve que se readequar para suprir a uma demanda extremamente maior: atender ao Ensino Fundamental.

A gerente de Mediação Tecnológica explicou:

> A pandemia não foi motivo para interromper a Mediação, que tantos benefícios leva a alunos distantes até 800 quilômetros de Porto Velho. Nossos professores reservam conteúdos diários, especiais e pontuais. (GERENTE, 2021).

Seduc promove encontro entre coordenadores da Mediação Tecnológica e de núcleos de tecnologia educacional de Rondônia. Publicada em 30 de outubro de 2021.

A reportagem nos traz a informação sobre o evento ocorrido no ano 2021 para coordenadores de Mediação Tecnológica das CREs e dos NTEs.

Essa formação contou com a presença do coordenador-geral de Tecnologia e Inovação da Educação do Sistema de Avaliação Básica, que explanou assuntos referentes à política de inovação e educação conectada em 2021: as fases de expansão e sustentabilidade do programa de inovação da Educação conectada no estado de Rondônia.

Durante o encontro foi realizada uma reunião entre os gestores escolares de estabelecimentos de ensino de Cacoal, com o coordenador-geral de tecnologia e inovação da Educação Básica, e visita técnica pedagógica às unidades escolares que atendem às turmas da Mediação Tecnológica.

A gerente de Mediação Tecnológica destacou a importância do evento e da dedicação de todos os participantes para o planejamento de 2022.

> *A Mediação Tecnológica tem como responsabilidade a formação sobre tecnologias educacionais para professores, atendimentos por meio de aulas da mediação para quase seis mil estudantes das escolas da rede pública estadual, está também a responsabilidade da coordenação dos laboratórios de informática educacional (Lie), então precisamos planejar as ações para avançarmos em 2022.* (GERENTE, 2021).

Estudantes do distrito de Calama, no Baixo Madeira, recebem visita de profissionais da Mediação Tecnológica.

Publicada em 22 de janeiro de 2022.

Essa matéria se refere ao atendimento presencial realizado no mês de novembro de 2021 à escola do distrito de Calama, que fica localizada a 200 quilômetros da capital de Rondônia, Porto Velho.

A comunidade do distrito de Calama apresenta um número expressivo de estudantes da Mediação Tecnológica. Em 2021 foram dez turmas com aproximadamente 250 estudantes (SEDUC, 2022).

Foram realizadas gincanas, oficinas, além de conversas com familiares e estudantes da comunidade.

A gerente da Mediação Tecnológica explica que:

> *A visita dos profissionais da Educação, foi uma estratégia para conhecer a realidade dos estudantes in loco. É vendo essa realidade que o ensino e a aprendizagem tornam-se mais eficientes e alcançamos assim, o propósito da mediação tecnológica, que é proporcionar o acesso à educação de qualidade. Nos esforçamos para levar essa educação a todos os cantos do estado.* (GERENTE, 2021).

Durante o atendimento à Calama, os professores ministrantes puderam gravar uma série de vídeos para incluírem nas aulas da Mediação Tecnológica e realizaram atividades práticas com os estudantes. Na oportunidade, foi realizada a formatura de 31 estudantes do 3° ano do ensino médio. Pais, estudantes, professores, coordenadores e profissionais técnicos da Mediação Tecnológica foram homenageados na ocasião.

Destaco que essa ação foi deveras importante, pois marcou o atendimento presencial à comunidade ribeirinha do baixo Rio Madeira.

Estudantes indígenas da Baia das Onças em Guajará Mirim recebem visita de profissionais da Mediação Tecnológica.
Publicada em 23 de fevereiro de 2022.

A referida matéria traz a informação sobre o atendimento aos estudantes indígenas matriculados no 1º ano do ensino médio da Escola Indígena Estadual de Ensino Fundamental e Médio Alexandrina do Nascimento Gomes, que fica na comunidade indígena Baia das Onças, em Guajará-Mirim, pela equipe pedagógica e docente da Mediação Tecnológica.

Na oportunidade, a professora ministrante (PROFESSORA, 2022) do componente curricular de Língua Espanhola abordou a importância e relevância do estudo do Espanhol por estudantes de Rondônia, visto que o Estado faz fronteira com um país nativo da língua espanhola, a Bolívia.

Os estudantes puderam "desfrutar" de uma explanação oral com demonstração de slides e atividades dinâmicas que ressaltaram os conceitos referentes ao idioma espanhol no estado.

A professora de Língua Espanhola destacou:

> *Os estudantes tiveram o contato com informações com personalidades hispânicas e participaram de uma dinâmica, onde puderam demonstrar os conhecimentos aprendidos durante as aulas ministradas pela Mediação Tecnológica.* (PROFESSORA, 2022).

Destaco que o acesso a essa comunidade indígena só é possível por meio de embarcação pelo Rio Guaporé a partir do município de Costa Marques.

Estudante da Mediação Tecnológica de Rondônia recebe carta da Nasa e faz planos em estudar astronomia.
Publicada em 4 de março de 2022.

Essa matéria foi a respeito de uma carta da National Aeronautics and Space Administration (Nasa) recebida por um estudante (ESTUDANTE, 2022).

Na fala do estudante ele destaca que *"Foi a coisa mais incrível que já me aconteceu na vida!"*. Morador da zona rural do município de Espigão do Oeste, concluiu recentemente os estudos por meio da Mediação Tecnológica. Ao falar sobre a carta de incentivo que recebeu da Nasa, a agência aeroespacial dos Estados Unidos, o estudante disse:

> *Eu não esperava receber uma resposta da Nasa. Eu mandei uma carta para eles contando o meu interesse pela astronomia e o quanto sou fascinado pelo trabalho da Nasa, que é incrível e me inspira muito, tanto que eu quero trabalhar lá um dia, e também falei das curiosidades que eu tinha pelo Espaço desde pequeno, mas não esperava que eles fossem me responder, pois recebem milhares de cartas.* (ESTUDANTE, 2022).

A astronomia ainda não é considerada uma ciência tão popular no Brasil, principalmente em localidades mais afastadas dos grandes centros urbanos, mas, contrariando as perspectivas, o estudante surpreendeu a todos, inclusive a família, que vive da agricultura familiar, ao manifestar o interesse pelo espaço desde criança.

> *Como moro na zona rural desde pequeno, eu sempre via o céu muito estrelado, ao contrário da cidade que tem muita luz e não é possível ver tão bem. Eu ficava olhando para elas e imaginando como é ver as estrelas de perto.* (ESTUDANTE, 2022).

Após essa matéria, o destaque vem novamente ao atendimento a estudantes indígenas.

Projeto Ensino Médio com Mediação Tecnológica atende aldeia Ricardo Franco, em Guajará Mirim.

Publicada em 10 de junho de 2022.

Essa matéria traz a informação do atendimento da Mediação Tecnológica à escola indígena 5 de Julho, localizada na aldeia Ricardo Franco, a 370 km de Guajará-Mirim, na qual são atendidos 46 estudantes indígenas matriculados na escola.

Destacando que só é possível chegar ao local que fica às margens do rio Guaporé via transporte fluvial.

Uma equipe da CRE Costa Marques realizou a entrega de 46 notebooks para os estudantes e um notebook para o professor indígena, além de uma impressora, que será utilizada durante as aulas.

A Seduc/RO realizou a instalação de internet nas escolas indígenas da região e tem como objetivo nos próximos anos atender em torno de 200 alunos por Mediação Tecnológica.

O professor indígena (INDÍGENA, 2022) responsável pela turma e pelo processo de ensino e aprendizagem destacou que os estudantes estavam ansiosos.

> Os alunos matriculados aguardavam ansiosos o ensino médio na aldeia, pois para ir à cidade o custo é muito grande, com aluguel, transporte, entre outros gastos. A expectativa é grande também para os alunos que ainda não conseguiram se matricular, mas a Seduc já está providenciando nova turma. (INDÍGENA, 2022).

Abro um adendo aqui.

O ano eleitoral iniciou as divulgações por meio de reportagens, matérias e demais formas de divulgação de programas governamentais cessaram. Haja visto que o atual governador era candidato à reeleição e a gerente, candidata a Deputada Estadual.

Logo, as próximas reportagens sobre a Mediação Tecnológica ocorreram somente em 2023, quando inicia um 3º ciclo. Porém desse trataremos em uma próxima oportunidade.

REFERÊNCIAS

RONDÔNIA. Professores são capacitados para implantação da Mediação Tecnológica no 1º ano do ensino Médio em Rondônia. **Seduc**, [S. l.], 15 fev. 2016. Disponível em: https://rondonia.ro.gov.br/Seduc/. Acesso em: 22 fev. 2022.

RONDÔNIA. Seduc e Ifro preparam a estreia do ensino a distância que chegará a 179 polos isolados em Rondônia. **Seduc**, [S. l.], 2 mar. 2016. Disponível em: https://rondonia.ro.gov.br/Seduc/. Acesso em: 22 fev. 2022.

RONDÔNIA. Educação a distância é uma revolução no conhecimento, diz o governador ao participar de transmissão de aula ao vivo. **Seduc**, [S. l.], 19 maio 2016. Disponível em: https://rondonia.ro.gov.br/Seduc/. Acesso em: 22 fev. 2022.

RONDÔNIA. Escolas indígenas de Rondônia terão Mediação Tecnológica via satélite. **Seduc**, [S. l.], 11 jul. 2016. Disponível em: https://rondonia.ro.gov.br/Seduc/. Acesso em: 22 fev. 2022.

RONDÔNIA. Professores e coordenadores regionais de Educação participam de 2ª capacitação de Ensino Médio com Mediação Tecnológica. **Seduc**, [S. l.], 22 maio 2017. Disponível em: https://rondonia.ro.gov.br/Seduc/. Acesso em: 22 fev. 2022.

RONDÔNIA. Professores visitam escolas com Mediação Tecnológica em distritos rondonienses. **Seduc**, [S. l.], 18 dez. 2017. Disponível em: https://rondonia.ro.gov.br/Seduc/. Acesso em: 10 maio 2022.

RONDÔNIA. Ensino com Mediação Tecnológica se consolida com 80% de aprovação e redução de reprovados e evasão escolar em Rondônia. **Seduc**, [S. l.], 24 abr. 2018. Disponível em: https://rondonia.ro.gov.br/Seduc/. Acesso em: 10 maio 2022.

RONDÔNIA. Seduc apresentará o programa do Ensino Médio com Mediação Tecnológica na 7ª Rondônia Rural Show. **Seduc**, 22 maio 2018. Disponível em: https://rondonia.ro.gov.br/Seduc/. Acesso em: 23 fev. 2022.

RONDÔNIA. Representantes das indústrias do Rio Grande do Norte destacam as vantagens do projeto de Mediação Tecnológica apresentado pela primeira vez na Rondônia Rural Show. **Seduc**, [S. l.], 25 maio 2018. Disponível em: https://rondonia.ro.gov.br/Seduc/. Acesso em: 24 fev. 2022.

RONDÔNIA. O Projeto Mediação Tecnológica forma primeira turma em Rondônia. **Seduc**, [S. l.], 28 dez. 2018. Disponível em: https://rondonia.ro.gov.br/Seduc/. Acesso em: 10 maio 2022.

RONDÔNIA. Seduc e Ifro debatem a continuação da parceria da Mediação Tecnológica. **Seduc**, [S. l.], 23 jan. 2019. Disponível em: https://rondonia.ro.gov.br/Seduc/. Acesso em: 22 fev. 2022.

RONDÔNIA. Projeto de Mediação Tecnológica em Rondônia começa ano letivo com expectativa para atender 6 mil alunos. **Seduc**, [S. l.], 18 fev. 2019. Disponível em: https://rondonia.ro.gov.br/Seduc/. Acesso em: 10 maio 2022.

RONDÔNIA. Projeto Ensino Médio com Mediação Tecnológica adota plantão tira dúvida. **Seduc**, [S. l.], 7 mar. 2019. Disponível em: https://rondonia.ro.gov.br/Seduc/. Acesso em: 24 fev. 2022.

RONDÔNIA. Educação no campo será prioridade na Mediação Tecnológica ofertada pelo governo de Rondônia. **Seduc**, [S. l.], 23 maio 2019. Disponível em: https://rondonia.ro.gov.br/Seduc/. Acesso em: 21 fev. 2022.

RONDÔNIA. A Mediação Tecnológica oferece ensino de matemática aplicada ao campo para alunos da rede estadual. **Seduc**, [S. l.], 29 ago. 2020. Disponível em: https://rondonia.ro.gov.br/Seduc/. Acesso em: 20 fev. 2022.

RONDÔNIA. Escolas da Mediação Tecnológica recebem notebooks durante homenagens aos alunos destaques no ENEM em Cerejeiras. **Seduc**, [S. l.], 3 set. 2020. Disponível em: https://rondonia.ro.gov.br/Seduc/. Acesso em: 19 fev. 2022.

RONDÔNIA. Videoaulas e materiais impressos atendem alunos para continuidade dos estudos em Costa Marques e região. **Seduc**, [S. l.], 13 out. 2020. Disponível em: https://rondonia.ro.gov.br/Seduc/. Acesso em: 19 fev. 2022.

RONDÔNIA. II Edição do "Aulão Seduc Rondônia" será transmitido pelo canal da Mediação Tecnológica nos dias 20 e 21 de Janeiro. **Seduc**, [S. l.], 18 jan. 2021. Disponível em: https://rondonia.ro.gov.br/Seduc/. Acesso em: 12 fev. 2022.

RONDÔNIA. Aulão Seduc Rondônia alcança mais de 17 mil visualizações em quatro dias de transmissão. **Seduc**, [S. l.], 25 jan. 2021. Disponível em: https://rondonia.ro.gov.br/Seduc/. Acesso em: 12 fev. 2022.

RONDÔNIA. Escolas estaduais iniciam na letivo com aulas remotas em Rondônia. **Seduc**, [S. l.], 22 fev. 2021. Disponível em: https://rondonia.ro.gov.br/Seduc/. Acesso em: 22 jan. 2023.

RONDÔNIA. Equipe da Mediação Tecnológica adapta rotina para atender alunos durante pandemia. **Seduc**, [S. l.], 5 ago. 2021. Disponível em: https://rondonia.ro.gov.br/Seduc/. Acesso em: 22 jan. 2023.

RONDÔNIA. Aulão Seduc 2021 acontece nesta sexta-feira, 8, em Porto Velho; edição será transmitida no canal da Mediação Tecnológica. **Seduc**, [S. l.], 6 out. 2021. Disponível em: https://rondonia.ro.gov.br/Seduc/. Acesso em: 22 jan. 2023.

RONDÔNIA. O VII Congresso de Educação Física e Esporte escolar acontece nos dias 13 e14 de outubro pelo canal da Mediação Tecnológica. **Seduc**, [S. l.], 11 out. 2021. Disponível em: https://rondonia.ro.gov.br/Seduc/. Acesso em: 22 jan. 2023.

RONDÔNIA. Dia do professor: professores que atuam na Mediação Tecnológica adaptam rotina e suprem demanda ampliada que surge durante a pandemia. **Seduc**, [S. l.], 14 out. 2021. Disponível em: https://rondonia.ro.gov.br/Seduc/. Acesso em: 22 jan. 2023.

RONDÔNIA. Seduc promove encontro entre coordenadores da Mediação Tecnológica e de núcleos de tecnologia educacional de Rondônia. **Seduc**, [S. l.], 30 out. 2021. Disponível em: https://rondonia.ro.gov.br/Seduc/. Acesso em: 22 jan. 2023.

RONDÔNIA. Estudantes do distrito de Calama, no Baixo Madeira, recebem visita de profissionais da Mediação Tecnológica. **Seduc**, [S. l.], 22 jan. 2022. Disponível em: https://rondonia.ro.gov.br/Seduc/. Acesso em: 25 fev. 2023.

RONDÔNIA. Estudantes indígenas da Baia das Onças em Guajará Mirim recebem visita de profissionais da Mediação Tecnológica. **Seduc**, [S. l.], 23 fev. 2022. Disponível em: https://rondonia.ro.gov.br/Seduc/. Acesso em: 25 fev. 2023.

RONDÔNIA. Estudante da Mediação Tecnológica de Rondônia recebe carta da Nasa e faz planos em estudar astronomia. **Seduc**, [S. l.], 4 mar. 2022. Disponível em: https://rondonia.ro.gov.br/Seduc/. Acesso em: 25 fev. 2023.

CONSIDERAÇÕES FINAIS

Chegamos ao final deste livro consciente de que trouxemos algumas informações que podem ter esclarecido algumas dúvidas e talvez até surpreendido você. E se for isso realmente, ficamos felizes, pois alcançamos nosso objetivo, por ora.

Mas saiba que ainda tem muita coisa a ser dita e pesquisada sobre a Mediação Tecnológica de Rondônia. Nada está finito. Muita coisa ainda vai acontecer antes que essa modalidade complete 10 anos, fato que ocorrerá em 2026.

A modalidade do ensino médio com Mediação Tecnológica vem no decorrer dos anos dialogando com as práticas sociais dos estudantes de forma crítica, relacionando à vida real, em que os estudantes desenvolvem competências e habilidades para a autonomia nos estudos, pesquisas e experiências práticas por meio de recursos tecnológicos digitais. No entanto, os conhecimentos ministrados devem permitir que os estudantes saiam da condição de subalternos, de forma que possam superar as desigualdades sociais intensificadas pelo capitalismo.

Para isso, os conhecimentos propostos pelo currículo do programa precisam pautar o viés crítico, reflexivo, bem como a inclusão social, com o objetivo da transformação e melhoria da vida do estudante. Nesse sentido, cabe a reflexão sobre o currículo prescrito, o qual precisa ser implementado pelas práticas pedagógicas que contribuam para a aprendizagem que faça sentido, com base no contexto social e cultural dos jovens do ensino básico.

Diante da realidade sociocultural do estado de Rondônia, verifica-se que, com base nos acordos concentrados para garantir uma educação para todos, com qualidade e sem discriminação, os gestores da educação de Rondônia precisam levar em consideração sua regionalidade, configurando a formação de sujeitos conscientes de direitos e deveres, bem como a construção de uma sociedade ética e democrática. Dessa forma, as políticas públicas de Estado devem favorecer o direito à educação pública de qualidade, equipada com os instrumentos essenciais para o processo de ensino e aprendizagem, acesso e permanência no ensino sem qualquer tipo de discriminação. Essa garantia deve partir dos interesses coletivos, das instituições formadoras e das políticas públicas de Estado democrático.